JN124667

ニースっ子の南仏だより12カ月

ルモアンヌ・ステファニー

Une année sur la Côte d'Azur

Stéphanie Lemoine

かもめの本棚

はじめに　Préface

小学生の私に、「43歳になって、フランス人の私が日本語で書いた本が日本で出版される」と言っても、もちろん信じなかったでしょう。でも、その夢が実現したのです。私は14歳になったときに外国の言葉を勉強したいと思い、ほんの少しの偶然から日本語を選びました。そして日本語を勉強し始めた途端、私の人生は変わったのです。「大好きな日本語を使う仕事がしたい。日本に行きたい」と思うようになり、高校を卒業してからパリの大学に行き、日本の大学にも留学しました。

そして今から15年前、生まれ故郷の南フランス・ニースを拠点とする日本人向けの観光ガイドになり、毎年400人ぐらいのお客さまを案内してきました。日本の方々に出会って日本語で話せること、幼いころからこよなく愛してきた地元ニースを中心とする南仏コート・ダジュールを日本の皆さんに紹介することができるこの仕事は、私の大きな生きがいです。

しかし観光ガイドとして各地を案内していくうちに、「南仏についての情報がまだまだ少ないこと」に気づいたのです。そこで地元っ子ならではの情報をたくさん集めて、いつか自分で本を書く夢をずっと持ち続けてきました。

私の長年の夢が詰まったこの本には、南仏の観光に役立つ情報はもちろんですが、観光ガイドブックには載っていないけれど私が大好きで何回も足を運んでいる村や、地元の人にだけ知られている伝統的なお祭りや行事などを、私が撮りためた写真とともに紹介しています。

そしてもう一つこだわったのが、私自身の家族とその日常を紹介することです。ニース郊外にある2世帯住宅の1階に私の両親、2階に私たち夫婦と2人の息子たち、そして同じ敷地内にある家にマミー（私のおばあちゃん）とママン（母）の妹が暮らすわが家の暮らしには特別なことは何もありませんが、愛に囲まれたフランスの暮らしを少しでもお伝えすることができればと思っています。

日本の皆さんに南仏の旅をもっと満喫してもらいたいと思って書いた本ですが、今すぐに出かけることができなかったとしても、コート・ダジュールの太陽いっぱいの物語を読み、そこで生きる人々の素顔の暮らしを知ることで、少しでも明るい気持ちになってもらえたらうれしいです。

さあ、一緒に南仏の12カ月を旅しましょう！

Bon voyage！（良い旅を！）

本書で紹介する
南仏ニース近郊の町や村

南フランスの観光地は、マルセイユ、アヴィニョン、アルルなどに代表される「プロヴァンス」と、ニースやカンヌに代表される「コート・ダジュール」の大きく２つに分けられます。地中海沿岸に広がるコート・ダジュールは、フレンチ・リヴィエラまたは紺碧《こんぺき》海岸とも呼ばれていますが、その名がついたのは、1887年に出版された作家ステファン・リエジャールの『ラ・コート・ダジュール』がきっかけだといわれています。コート・ダジュールの中心都市であるニースは北海道と同じ緯度に位置していますが、地中海性の温暖な気候のために冬でも暖かく、年間を通して雨が降ることが比較的少ない地域です。

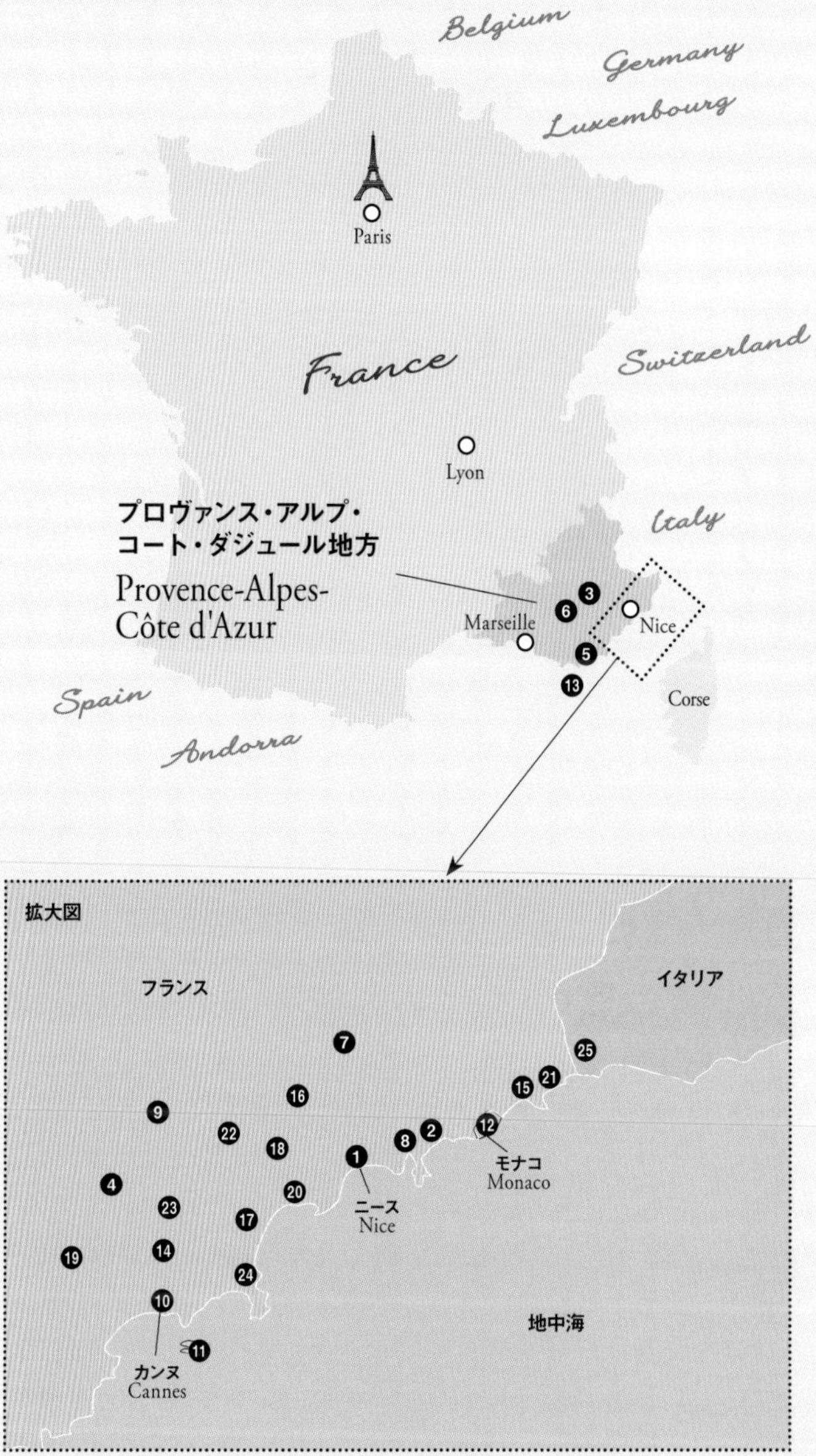
Belgium
Germany
Luxembourg
Paris
France
Switzerland
Lyon
Italy
プロヴァンス・アルプ・
コート・ダジュール地方
Provence-Alpes-
Côte d'Azur
3
6
Marseille
Nice
5
13
Corse
Spain
Andorra
拡大図
フランス
イタリア
7
25
16
21
15
9
22
2
12
18
8
1
モナコ
Monaco
4
20
23
ニース
Nice
17
19
14
24
10
地中海
11
カンヌ
Cannes

Sommaire 目次

Juin　6月

Juillet　7月

Août　8月

Septembre　9月

Octobre　10月

Novembre　11月

Décembre　12月

Janvier　1月

Février　2月

Mars　3月

Avril
4月

Événement
行事

Pâques
イースター

MARVEL

イースター

イースター（復活祭）はフランス語で「Pâques（パック）」と言って、イエス・キリストが死の3日後に復活したことをお祝いする日。「春分の日の後の最初の満月の次の日曜」と定められています。フランスでは家族みんなで過ごす大切な日で、翌日の月曜も祝日になります。キリスト教の信者にとってはイエスの誕生日であるノエルと同様に重要な日ですが、子どもたちにとっても特別な日。なぜかというと、一年でいちばんたくさんチョコレートを食べられる日だからです。イースターが近づくと、お菓子屋さんやスーパーの店頭には「復活」や「誕生」を象徴する卵やニワトリ、ウサギの形をしたチョコレートがずらりと並びます。

南フランスでは、「イエスの死を悼んでローマに飛んでいった教会の鐘が、南仏に帰ってくるときにイースターエッグを空から落としてくれる」という言い伝えがあるため、幼い子どもたちは「鐘がイースターのチョコレートを持ってくる」と信じています。7歳の次男もその一人。そのため毎年エッグハント（卵探し）の準備で大変です。

次男が庭に出ないように私が見守っている間、ママン（母）の妹がたくさんのチョコレートエッグを庭に隠してくれていましたが、最近では長男も手伝ってくれるんですよ。準備完了の合図が来たら、スマートフォンを使って鐘の音を流します。その音を聞くと次男は大喜び。興奮して家から出て、お兄ちゃんと一緒にチョコレートエッグを夢中で探します。急いで見つけないと犬に食べられてしまうかもしれないから、さあ大変！　毎年たくさんのチョコレートエッグを次男に内緒で買うのも、イースターの楽しみの一つです。

エッグハントが終わったらランチの時間です。伝統的にイースターのランチではラム肉を食べますが、お肉をあまり食べないわが家では、マミー（私のおばあちゃん）が作ってくれる「ミモザエッグ」が定番料理。作り方は簡単で、ゆで卵の黄身を取ってマヨネーズと混ぜ、それを白身に戻すだけ。鮮やかな黄色がイースターのイメージによく合っていて、子どもたちも大好きです。デザートによく食べるのはイチゴのタルト、そしてお庭で見つけたたくさんのチョコレート。子どもたちだけでは食べきれないので、チョコレート好きの大人にとってもうれしい日です。

Avril
4月

Tourisme
観光

Le Cours Saleya et ses antiquaires【Nice】

サレヤ広場の骨董市
【ニース】

Baccarat

FORD FAIRLANE
VOLGA M21
MERCEDES 240D • Beirut • 1970
SEAT 1500 • Barcelona • 1970

サレヤ広場の骨董市【ニース】

フランス南東部の端、地中海に面したニースはコート・ダジュールの中心都市で、毎年400万人もの観光客が訪れる観光都市です。ビーチ沿いの散歩道や町並みを一望できる城跡公園、国立マルク・シャガール美術館、マチス美術館などたくさんの観光名所がありますが、旧市街にあるサレヤ広場もその一つ。昔からニースの社交場として知られているこの広場では、毎週火曜から日曜の午前中にマルシェが開催されていて、地元コート・ダジュールの花や野菜、お土産にぴったりの雑貨を売る屋台などが軒を連ねます。

でも、月曜のサレヤ広場はいつもと違う雰囲気。月曜はアンティークの日で、午前8時から午後6時ぐらいまで骨董《こっとう》市が開かれるのです。この日は、アンティークリネンや食器、家具、ミニカー、雑誌、ポストカードなどを販売する屋台が200店ぐらい並びます。興味がない人からすればただのガラクタだと思いますが、好きな人にとっては宝の山。サレヤ広場の骨董市はプロが見つけて選んできれいにした品物ばかりなので、ナイフやフォークなどのカトラリーはキラキラ輝いていますし、年代物のアクセサリーもすぐに使えるぐらいの状態です。アンティークなので値段が高いものが多いですが、よく探せば掘り出し物を見つけることができるでしょう。

私は最近までアンティークやブロカント（年代物の日用雑貨）にあまり関心がなかったのですが、ママン（母）と一緒にオンラインのブロカントショップを始めてから興味を持つようになりました。ママンは若いころからブロカントが大好きで、たくさん集めています。ぼろぼろのアンティークベアを修理したり、１００年前のレースをベア用の洋服にリサイクルしたりもしているんですよ。ブロカントショップに携わるようになって、私も骨董市や蚤《のみ》の市に興味を抱くようになりました。

骨董市や蚤の市ではクレジットカードが使えないところがほとんどですし、値段を聞くのは旅行者にとってはかなり勇気がいることだと思います。気をつけてほしいのは、「フランス人は交渉があまり好きではない」ということ。そのためストレートに値引きをお願いするのはおすすめしません。まずはにっこり笑って、片言のフランス語や英語でおしゃべりしてみてください。そのうちにお店の人も打ち解けて、おまけをしてくれるかもしれません。

Avril
4月

Tourisme
観光

Le jardin exotique
【Eze】

鷲の巣村の白い藤
【エズ】

ATELIER d'ARTISTE
Floriane Maets
GALERIE

鷲の巣村の白い藤【エズ】

コート・ダジュールで最も有名な村は間違いなくエズでしょう。海に囲まれているので景色がきれいだし、おしゃれなショップやギャラリー、高級ホテル、星付きレストランもたくさん。フォトジェニックな路地やかわいい花などすべてが絵になる村で、特に女性に大人気です。

私も日本から来たお客さまをたくさん案内していて、その回数は1000回をこえているでしょう。ニースからバスで約30分。ニースとモナコの間に位置しているので行きやすく、観光客にとても人気のため夏の間は大混雑ですが、実はこの村の住人として登録されているのは現在たった15人。一年中住んでいる人は10人にも満たないそうです。

なぜなら、標高429メートルにあるエズはコート・ダジュールに点在する「鷲の巣村」の一つ。海から垂直に立つ崖の上にあるため、生活をするには不便だからです。それでも村の歴史は古く、ほぼ2000年前から人が住み始め、12世紀にはお城が建てられました。現在でも石造りの門や城壁が残っていて、中世にタイムスリップした気持ちになれます。

　この村を訪れた人のほとんどが足を運ぶのが、高台のお城の跡にある熱帯植物園です。第二次世界大戦後、観光客誘致のために村長の発案で建設が始まったのですが、村内は石畳の坂道と階段ばかりで車やトラクターが入れません。そこで大勢の男性が土でいっぱいの重い袋を背負って崖の上まで運んで、1949年にオープンしました。晴れている日は真っ青な地中海とオレンジ色の屋根のコントラストが素晴らしい360度の眺望を楽しめます。

　私もお客さまにおすすめすることが多い場所なのですが、観光時間が限られているし、坂道をのぼるのに疲れてしまうため、ほとんどの方が頂上からの写真だけを撮ってすぐに帰ってしまいます。でも、それではもったいない！　昨年の4月、時間があったので久しぶりに1人で熱帯植物園を訪れたのですが、そこで出会ったのは満開の白い藤。青い海と青い空に白い藤が美しいコントラストを描き出す光景を見て、息が止まるほど感動しました。

　皆さんも植物園に行ったらぜひとも時間を取って、絶景だけでなくサボテンなどの熱帯植物にも目を向けてください。もう一つのエズ村を発見することができるはずです。

Avril
4月

Tourisme
観光

En balade avec le train des Pignes 【Entrevaux】

プロヴァンス鉄道で小旅行へ
【アントルヴォー】

ANDRE RAYMONDE
8 AVRIL 1950
SEULS TOUS LES DEUX
VIVE L'AMOUR

プロヴァンス鉄道で小旅行へ【アントルヴォー】

「旅先でも電車の旅をしたい」というお客さまがよくいらっしゃいます。南フランスでは海岸線を走る国鉄のＳＮＣＦ線が有名ですが、江ノ島電鉄のようにかわいらしい電車もあるのです。それが、ニースから西北西に１５１キロメートル離れているディニュ市までを１００年以上前から走っているプロヴァンス鉄道です。

ニースの中心にあるニース・プロヴァンス鉄道駅を出てしばらく市内を走った後、ヴァー川をずっとさかのぼっていきます。走るにつれてだんだんと木々の緑が増えてきて、まるで別世界に来たかのよう。のどかな田園風景の中を走るプロヴァンス鉄道に乗れば、ちょっとした小旅行を楽しめます。

幅1メートルほどの小さな線路で、昔は車両が1両しかなかったプロヴァンス鉄道は、蒸気機関車の時代には車窓から松ぼっくりが拾えるほどスピードが遅かったので、"le train des pignes（松ぼっくり電車）という愛称で呼ばれています。私にとっては、中学、高校時代にニース市内にある学校へ行くのに毎日乗っていた懐かしい電車。最近、車両が新しくなってだいぶモダンになりましたが、まだまだ私が学生時代に乗った古い車両も使われています。

このプロヴァンス鉄道に乗ってニースから1時間半で到着するのが、アントルヴォーです。ヴァー川沿いの山の上にある中世の要塞都市で、立派なお城が遠くから見えます。要塞は20世紀まで利用され続け、第一次世界大戦のときにはドイツ将校の刑務所として使われました。ヴァー川に架かる跳ね橋が村の入り口です。橋を渡って村に入り、まずは要塞を目指します。要塞の入り口は村のいちばん奥。入場料3ユーロを払ったら長い坂の始まりです。坂がかなりきつくて、汗をかきながらのぼること約30分。頂上から見おろす村と谷の絶景が疲れた体を癒やしてくれることでしょう。

私は昨年、家族でアントルヴォーを訪れたのですが、そのとき公園で出会ったお爺さんと少しお話ししました。名前はジャン・ノエル。あだ名はノノさんです。「この村では誰でも俺のことを知っているよ」と言っていましたが、なんとノノさんのおじいさんは要塞が刑務所だったころの最後の指揮官だったのだとか。家に帰ってからお城の資料を探して読んでみたら、最後の指揮官は間違いなくノノさんのおじいさん！歴史がこんなに身近になるのが初めてで、家族全員で感動しました。

Avril
4月

Vie quotidienne
暮らし

Trois générations en vacances

３世代でプチヴァカンス

la libraire

HENRY BLANC

MSW-103
DEFENDER

3世代でプチヴァカンス

新型コロナウイルスの世界的な感染拡大により、2019年の春から観光の仕事が急に止まりました。ロックダウンもあって大変でしたが、コロナから与えられたいちばん大きいプレゼントは、家族との時間ではないでしょうか。それまでは仕事が忙しく、少し時間ができたときは夫と子どもたちとの時間を優先していたので、2世帯住宅の1階に住んでいる両親とはすれ違うばかりでした。そこで、「これからの自分にとって何が本当に大事なのか?」をゆっくり考えて出した結論の一つが、「両親と楽しい時間を一緒に過ごして、孫との思い出を作ってあげたい」ということでした。つまり親孝行をしたいと思ったのです。

「思い出を作る」といってまず思いついたのが、旅に出ることです。遠くに行かず、ママン(母)と私の大好きなプロヴァンスに年に数回行く楽しみが生まれました。老猫のミミをどうしても置いていけなくて、父は毎回お留守番。出かけるのはママンと私と2人の子どもたち、それにママンの愛犬ジャンヌも旅の仲間入りです。ジャンヌはお利口さんだし、ペットOKの宿はたくさんあるので問題ありません。

旅先でも生活しているように滞在するのが大好きなので、ママンとの旅行でも泊まるのはいつもアパート。「外食はもったいない」とママンが言うので、キッチンがあるアパートはとても便利なのです。ベッドルーム3つ付きでもオフシーズンなら結構安くて、昨年アルルで泊まったすてきなアパートは2泊で300ユーロ以下でした。昼間はみんなで散歩したり、川で遊んだり、町を見学したり、家でゲームしたり。親子だから遠慮も不要でお互いの性格をよくわかっているので、とっても楽です。

ママンも私も1人時間が大好き。順番で子どもの面倒を見ることにして、それぞれが1人だけの時間も楽しんでいます。私は町を歩いて写真を撮って、お店を見て、カフェで本を読むのが好き。ママンはブロカント（古道具市）があればどうしても家にいられません（笑）。そして早朝の散歩が好き。私と子どもがまだ寝ている時間にジャンヌを連れて外に出て、朝食用の焼きたてパンとクロワッサンを買ってきてくれるのです。

楽しかった旅が終わって家に帰るとき、子どもたちは毎回同じことを言います。「ババ（おばあちゃんのことを日本風に「baba」と呼んでいます）とジャンヌと、また一緒にプロヴァンスに行こうね！」って。

Mai
5月

Recette
レシピ

Le clafoutis avec les cerises du jardin
お庭のサクランボとクラフティ

《サクランボのクラフティ》

【材料】6人分
サクランボ　500g
バター　30g
小麦粉　180g
牛乳　250ml
砂糖　100g
卵　3個
バニラ風味の砂糖があれば少々

1 サクランボのへた(茎)を取って軽く洗う。
2 直径22cmぐらいのプレートの底にバターを塗って、サクランボを並べる。
3 小麦粉と牛乳、砂糖、卵を混ぜてサクランボの上にかける。
4 180℃のオーブンで20分焼いてからバニラ風味の砂糖を振って、さらに10分焼く。

絵：大野国光

お庭のサクランボとクラフティ

4月になると日本とほとんど同時にフランスでも桜が満開になりますが、お花見をする人は誰もいません。私たちフランス人がいちばん楽しみにしているのは、花よりも実！　ちょっとずつ実が大きくなって赤くなり、収穫を迎えることです。だって採れたてのサクランボは世界一ですからね。田舎育ちの私にとって、桜の木は毎年5月に最高においしい実をプレゼントしてくれるものなのです。

わが家の裏庭には25年前に植えた桜の木がありますが、広い庭にはレモンの木と桜の木は欠かせませんね。マルシェでサクランボは1キログラムあたり8ユーロもして、とても高級品だからです。自宅でサクランボの採り放題ができるのは田舎生活の醍醐味《だいごみ》です。

うちではほぼ毎年5月8日にサクランボがちょうどいい色に染まります。初めて食べる日は真っ赤な実を選んで、ありがたくいただきます。そして1個目のサクランボを食べるときには、「子どもたちが健康でいられるように」「これからもずっと愛し合えますように」など必ず願い事をします。

サクランボは赤くなってから熟するのがとても早いので、急いで食べなくてはいけません。毎日頑張って家族全員でサクランボをたくさん食べに裏庭へ行きます。サクランボは収穫して家で食べるものではなく、木の下で摘んで、口に入れて、種をそのまま吐いて、また次の実を摘む……とても独特な食べ方なのです。

私の子ども時代も、5月中旬のおやつは1週間ぐらいずっとサクランボ。木の下で食べ続けていました。私の子どもたちが1歳になったときには、抱っこしたままで種を取ってあげて食べさせました。赤く染まった口でパクパクおいしそうに食べていたのですが、ママとしては洋服にサクランボのシミができないか、ハラハラしていました。

大量のサクランボをどう料理するのかは毎年の悩み。ジャムは甘すぎてあまり好みではないので、毎年必ず作るのはサクランボのクラフティです。クラフティとは、カスタード生地にフルーツが入ったフランスの伝統菓子。いろんなフルーツで作れますが、わが家の定番はサクランボ。特にママン（母）の妹は大好きで毎年楽しみにしています。オーブンがあれば作りやすくて、料理が下手な私でも失敗しません。

Mai
5月

Tourisme
観光

Expo Rose
【Grasse】

バラ祭り
【グラース】

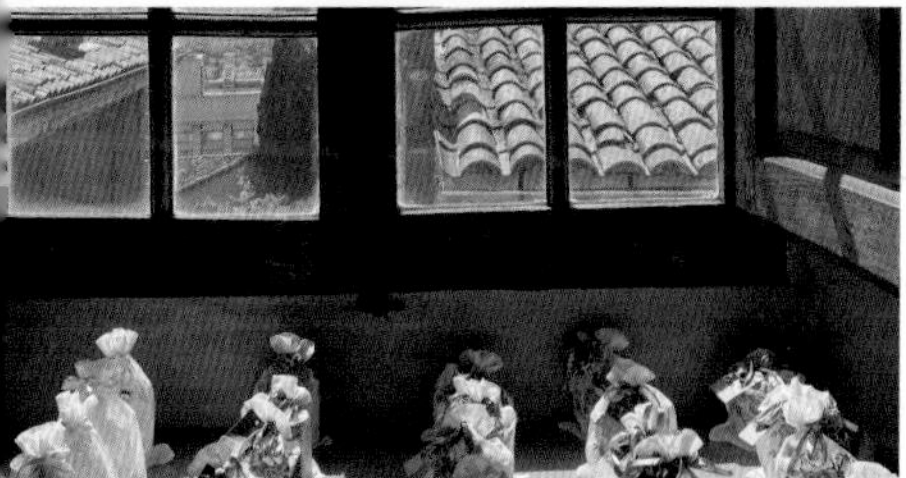

バラ祭り【グラース】

香水や花が好きでしたらぜひ訪れてほしいのが、〝香水の都〟と呼ばれるグラースです。車でニースから1時間、カンヌから30分の場所にあり、15世紀からジャスミンやローズ、ラベンダーなどの栽培が行われていました。同じ時代、この地には革製品の工場もたくさんあって、特に革の手袋が人気を集めていましたが、革手袋をすると手に匂いが残ってしまうという欠点が……。そこで匂いを隠すために誕生したのが、香り付きの革手袋です。その後、革産業の衰退とともにグラースでは香水づくりがメインになり、現在に至っています。

20世紀の初めには年間5000トンもの花を栽培していましたが、都市化が進むとともに花畑の面積は減ってきました。それでもディオール「Miss Dior Rose N'Roses」のバラ、シャネル「N°5」のジャスミンと、今でも有名なメゾン（会社）がグラースの花にこだわった香水づくりを続けています。

グラースで栽培されている希少なバラ品種「ローズセンティフォリア」は別名「ロー

ズドメイ（5月のバラ）」と呼ばれるように、5月上旬になると収穫時期を迎えます。早朝、朝露に濡れる畑で、ゆっくり満開になっていくバラを一つひとつ手で摘んでいくのです。花畑は郊外にあるためアクセスは不便ですが、予約をすれば収穫風景を見学できます。花摘みを見た後は香水関連のお店や香水工場を訪れましょう。1989年に設立された香水国際博物館（MIP）では、歴史をさかのぼって香水に関する知識を増やすことができます。老舗《しにせ》の「フラゴナール」「モリナール」「ガリマール」の香水工場では、見学だけでなく買い物も楽しめます。旧市街には小さな香水工房もたくさんあるため、街中にいい香りが漂っています。2018年11月、グラースの香水作りの技術がユネスコの無形文化遺産として登録されたので、今後も香水関連のお店が増えることは間違いありません。

旧市街がいちばんにぎわうのは、毎年5月に開催される「バラの国際展示会」、いわゆるバラ祭りの時期。毎年2万5000本以上のバラが噴水や建物を彩ります。このお祭りに合わせて旧市街にはピンクのアンブレラスカイも登場。青空に向かってピンク色の傘がずらりと並ぶ絶景を楽しめます。5月のグラースは一面バラ色の世界。せっかくだからこの時期に訪れて目も心も癒やされてください。

Mai
5月

Tourisme
観光

L'atelier du parfumeur
【Grasse】

香水のアトリエ体験
【グラース】

Toutes Sortes d'Eaux. de Senteurs. de
Mille Fleurs. de la Reyne d'hongrie. et de
Fleurs d'Orange.
Eaux d'Ange
Rouge d'Espagne

香水のアトリエ体験【グラース】

洋服やアクセサリーも好きですが、特に好きなのは香水です。生まれたときからずっと、バスルームには香水が並んでいます。子ども時代には香水のミニチュアボトルをコレクションしていて、いろんな香りで遊ぶことが好きでした。現在は3種類を持っていて、外出するときには季節によって違う香りを選びます。

私と同じように香水が好きな方におすすめしたいのが、香水のアトリエ体験です。ずらりと並んだエッセンスの中から好きな香りを選んで、世界に一つしかない自分だけの香水を作ることができます。香水の作り方がわかるだけでなく、エッセンスを選ぶのがどんなに難しいことなのか、そして自分の好みについてもあらためて考えさせられます。

ニースやエズ（020ページ参照）などいろいろな場所で体験できますが、いちばん勉強になると思うのが、香水の都グラース（036ページ参照）にある1747年創業の老舗、ガリマール社の香水アトリエ体験です。予約制で1人58ユーロ。日本人のスタッフがいれば日本語で説明してくれるので、皆さんにもぜひ体験してほしいですね。所要時間は1時間半から2時間ぐらいです。体験終了後に渡されるレシピの登録番号を保管しておけば、ホームページからの追加オーダーも可能。香水と同じ香りのせっけんやボディーローションもオーダーできます。

子ども用のコースもあるため、数年前に長男と一緒に参加しました。男の子だって香水が好き。私の息子たちも生まれたときから香水を持っています。とはいえ当時まだ9歳。すぐに飽きてしまうかと思っていましたが、とても楽しそう。あっという間にお気に入りの香水ができあがりました。長男が作った香水は、かなり甘い香り。「僕の初めての香水」という名前をつけて、ときどき体につけて出かけています。

私も何回か香水づくりを体験しましたが、なかなか満足のいく香りができなくて、ルームスプレーとして使っているものが多いですね。「身につけたい」と思うほどうまくできたのは1回だけ。インスタライブでフォロワーの皆さんと一緒に作ったものです。竹やグリーンティー、バラ、白桃などの香りをブレンドしたもので、びっくりするほどいい香り。身につける際は特別な気持ちになります。

Mai
5月

Tourisme
観光

Les Bravades de Saint-Tropez 【Saint Tropez】

「聖トロペ」の祝日
【サントロペ】

MENU DU MIDI

「聖トロペ」の祝日【サントロペ】

世界中のセレブが別荘を買い、遊びに来るイメージがあるコート・ダジュール。モナコやカンヌとともに〝憧れの地〟として挙げられるのがサントロペでしょう。日本とフランスのつながりにとっても特別な町で、日本人が初めてフランスの土を踏んだ場所でもあります。慶長遣欧使節として派遣された支倉常長ら一行がイタリアに向かう途中で嵐に遭い、1615年にこの地に寄港したのです。昔は漁村でしたが、1950年代に入ってブリジット・バルドーが主演した映画の舞台となったおかげで有名になり、セレブが集う高級リゾート地となりました。

サントロペはニースから西へ112キロメートル。残念ながらアクセスがあまりよくなくて、道がすいていれば約1時間半で到着しますが、一本道なのでよく大渋滞します。特にマルシェのある日は3時間かかることも。それでもここを見ずに日本へ帰ってしまうのは残念ですし、リピーターの方でも必ず気に入ってくれるので、私はいつも日本から来たお客さまにおすすめしています。

この町を訪れたらぜひ食べてほしいのがタルト・トロペジェンヌ。映画の撮影時にこのお菓子を食べたブリジット・バルドーがその味をとても気に入ったことから、tropézienne（サントロペのお嬢さん）という名前がつけられたという、シュークリームのような軽いタルトです。

セレブや観光客のための町と思われがちなサントロペですが、それだけではありません。私がそのことに気づいたのは、5月半ばに友達と遊びに行ったときのことでした。いつもは開かれているマルシェがお休みで、町の至るところに赤と白のサントロペの旗が飾られていたのです。不思議に思って地元の人に尋ねたら、この日は「サントロペ」という町の名前の由来になった「聖トロペ」の祝日。1558年から行われている「ブラヴァード祭（Les Bravades de Saint-Tropez）」の日でした。

このお祭りは、昔、市民による民兵が海賊などから港町を守っていたことに由来するもので、期間中は昔の軍服を着て銃を手にした男性たちやプロヴァンスの民族衣装に身を包んだ女性や子どもたちが旧市街を練り歩きます。その様子からは「サントロペは自分たちの町だ」という誇りが感じられ、高級リゾート地としてだけではない、地元っ子に愛されている港町の新たな一面を発見できた一日でした。

Mai
5月

Événement
行事

La fête des mères
母の日

母の日

フランスで「La fête des mères（母の日）」は5月の第4日曜。ただし、キリスト教の祝日である「Pentecôte（五旬節）」と重なってしまった場合は6月の第1日曜になります。日本ではカーネーションを贈る人が多いと思いますが、フランスではプレゼントに決まりはありません。花束はもちろん、香水、化粧品、ジュエリー、お菓子など、お母さんの趣味や好みに合わせて自由に選ぶことが多いですね。自分の時間が取れない、または自分のためにお金を使わないお母さんへは、「マッサージのクーポン」や「スパのトリートメント」を贈る人も増えています。

学校でも母の日用のプレゼントを作りますが、パスタのネックレスを作ることが多いので、フランスのお母さんなら一度はもらったことがあるはずです（笑）。幼稚園と小学校でアクセサリーや小物入れ、写真立てなどを作るほかに、お母さんのために詩も覚えます。そして当日の朝、目が覚めたばかりのお母さんのために詩を暗唱し、最後に「Maman je t'aime（ママが大好き）」と言うのです。母の日はお母さんへの愛情を伝える日。少し不思議なのですが、フランスではこの日に「ありがとう」はあまり言いません。その代わりに「大好き」と言います。

もちろん私も毎年、ママン(母)にプレゼントを贈ります。私のママンのクリスティーヌは1956年生まれ。一人っ子の私を精いっぱい頑張って育ててくれて感謝しかありません。「何でもいいから好きなことを見つけなさい。趣味や仕事にしたら幸せになるわよ」と私が幼いときからずっと言ってくれて、いろいろなことに挑戦させてくれました。私は14歳のときに日本語に出会って日本が大好きになり、日本のことを学ぶためにパリの大学へ行くことを決意したのですが、当時は17歳のおのぼりさん。大都会パリでの1人暮らしが心細くて、毎日何時間も電話でママンと話していました。「困ったことがあれば何でも言ってね。あなたの部屋はずっとあるので、いつ帰ってきてもいいのよ」。そう言って、大学在学中に日本に留学したときも、失敗して落ち込んでいたときも、ずっと応援してくれました。

ママンは本当に心強い存在。ママンのおかげで今の私があるといえます。今では私もお母さんになり、自分の子どもたちに「何でもいいから好きなことを見つけなさい」と言っています。それはママンが私に教えてくれたいちばん大きな教えです。

Juin
6月

Vie quotidienne
暮らし

Les cigales porte-bonheur
幸せを運ぶセミ

MAGNETS
fait à la main et sont signés
par le faïencier "Louis Sicard
7,50 € AU CHOIX

BESSI RENE
ALICE . YVETTE

幸せを運ぶセミ

「チチチチ……」。6月上旬になると、遠くでセミの鳴き声が聞こえてきます。「あっ！ 聞こえた？」「セミが歌っているのが聞こえた？」ついつい興奮して一緒にいる人に尋ねてしまうのですが、フランス語でセミは「鳴く」のではなくて「歌う」。「chanter（歌う）」という動詞が使われます。

フランス人にとって夏といえば夏休み。会社員は1年間に5週間の有給休暇を取得する義務があるため、夏は丸々1カ月間休む人が多いのです。子どもたちの学校も7月と8月が休み。宿題は一つも出ません。フランス人は夏休みをゆったり過ごすために1年間を頑張って生きていると言っていいかもしれませんね。

大人も子どもも楽しみな夏休みの訪れを告げるセミですが、実はフランス全土に生息しているわけではありません。北部のパリやブルターニュ地方は寒すぎてセミはいないのです。南東部のリヨンより南に行かないとセミの声を聞くことはできません。南フランスに引っ越してきた都会の人の中には「セミがうるさくて昼寝ができない」

と文句を言う人もいるらしいですが、昔からほとんどのフランス人はセミが好きです。私もセミの声を聞くとワクワクして、一斉に鳴き始めるのを毎年のように楽しみにしています。

プロヴァンスをはじめとする南仏の観光地では、このセミをモチーフにしたグッズがお土産の定番となっています。見た目がかわいいとは言えないので日本人にはあまり人気はありませんが、フランス人観光客には大人気です。特に有名なのが、1895年にマルセイユ近くの工房で誕生したシンプルなセミの壁掛けです。昔からセミの置き物が家を守ってくれるといわれているため、地元の人も玄関や家の壁によく飾っています。このほか、センサー付きで音が出るタイプ、マグネット式、ブローチ、せっけんなどさまざまなグッズがあります。正直に言って「セミがかわいいから欲しい」のではなく、「セミが告げる夏への憧れ」からこれらのグッズを買う人がほとんどなのではないでしょうか。

9月。曇り空のパリに戻って、マグネットのセミを眺めながら南仏の青空の下でのヴァカンスを思い出す……。フランス人にとって夏を告げるセミは、幸福を運んでくれる存在でもあるのです。

Juin
6月

Événement
行事

La fête des pères
父の日

Papa
Bonne
fête
papa
Papa
Quand je suis dans tes bras
Mon cœur bat tout bas...
Quand je suis sur ton cœur
Je n'ai plus peur...
Quand tu me fais un câlin
Je n'ai plus de chagrin...
Bonne fête mon PAPA adoré !

Choisir un garde-corps
Choisir un garde-corps

父の日

6月の第3日曜は「La fête des pères（父の日）」です。5月の母の日と同様、幼稚園や小学校で、子どもの写真付きのしおり、額縁、小物入れといった父の日用のプレゼントを作ります。フランスでは男性に花を贈る習慣がないため、子どもが成長して大きくなると、香水や洋服、本などをお父さんの性格や趣味に合わせてプレゼントします。

私の父のミシェルはおしゃれや本に興味がないので、毎年プレゼントを選ぶのが大変です。Tシャツやセーターを贈ったこともありますが、いちばん喜ぶのが大工道具。日曜大工が趣味なのです。私が幼いころからお金は使わずにいろんなものを器用にリサイクルして、小屋や噴水、ピザ窯などを作ってくれました。

1953年に生まれた父は14歳から工場で働き、独学でたくさんのことを学びました。16歳のときにママン(母)に出会って2年後に婚約し、22歳になって結婚しました。ママンのお父さんが経営していた材木工場でママンと一緒に働き、友達や同僚と飲みに行ったりせずに毎日のように残業し、週末は家で日曜大工をしていました。

本当にずっと働き続けた結果、55歳で心臓発作を起こしてしまったため、少しずつ仕事を辞め、たばこもやめ、今はそろそろ20歳になる愛猫のミミとジャック・ラッセル・テリアのジャンヌに囲まれてのんびりとした生活を送っています。幼なじみの男性軍と村のカフェでエスプレッソを飲みながら井戸端会議をするのが日課。心臓が弱くなって疲れやすいので好きなように仕事はできませんが、元気な日はぼちぼちと芝生を刈ったり、オリーブの木を切ったりしています。

10年前に私が日本人向け貸し切りチャーターサービスの専門会社「マイ コート ダジュール」の社長になったときには、いろいろ手伝ってくれました。車が故障したときに迎えに来てくれたり、長距離観光の際には運転の交代要員として同乗してくれたり……父は大きな支えでした。昨年は一緒にオフィスの改装をしました。フローリングや壁紙を張り替えたりして1週間、父と楽しく作業したのですが、私にとっては人生で初めての経験。忘れられない思い出になりました。父と力を合わせて改装したオフィスの居心地は格別。Instagram のフォロワーさんが日本から送ってくださったたくさんの折り鶴を飾って、最高の空間になりました。

Juin
6月

Vie quotidienne
暮らし

Le jardin de Mamie et les fuseaux de lavande
マミーの庭とラベンダースティック

マミーの庭とラベンダースティック

編み物、料理、サッカーを見るほかに、マミー（私のおばあちゃん）が昔から大好きなのはガーデニング。天気のいい日はお昼の休憩以外、朝から晩までずっと植物の手入れをしています。庭はマミーの「生きがい」。わが家の2世帯住宅とマミーの家は同じ敷地内にあって30メートルしか離れていないため、色とりどりの花にあふれたマミーの庭を毎日見ることができて、私はとても幸せです。

マミーの庭では4月からいろんな花が咲きます。ラベンダーの茎も少しずつ伸び始め、5月になるとちょうどいい長さになり、6月には満開に。コート・ダジュールは地中海の近くにあるため温暖すぎて、実はラベンダーの栽培にはあまり向いていません。同じ南フランスでもラベンダーの文化が根づいているプロヴァンスとは少し違います。とはいえ、やっぱりラベンダーはきれいでいい香り。それでマミーは自分の庭でラベンダーを育てているのです。

私は、数年前からこのラベンダーの花を乾燥させてサシェ（香り袋）を作ってお友達にプレゼントしています。でも、それだけではもったいないと思っていたとき、ラベンダーをリボンで編み込んだ「ラベンダースティック」の存在を知ったのです。これは18世紀にプロヴァンスで始まった伝統工芸品で、香りづけと虫よけのためにたんすに入れる習慣が生まれたそうです。花嫁さんへのプレゼントとしても流行し、お守りにもなったのですが、20世紀からはサシェが工場で大量生産され始め、ラベンダースティックを作る伝統がなくなってしまったそうです。だから今まで私が目にすることがなかったのですね……。

さっそく作り方を調べてみたところ、リボンとラベンダーがあれば大丈夫。編み方はそんなに難しくないのですが、刈り取ったばかりのラベンダーでないと茎が切れてしまい、きれいに編めません。何度も何度も失敗しながら作り続けるうちに、少しずつきれいな形になりました。

以来、私は家族が寝静まった夜に薄暗い庭に出て満開のラベンダーを刈り取り、その優しい香りに包まれて瞑想のような時間を過ごすのが毎年の楽しみとなりました。カラフルなリボンを結んで何年も楽しめる美しいオブジェに変身したラベンダー。その香りとかわいい形は、毎日の暮らしの中で私の心を癒やしてくれます。

Juin
6月

Tourisme
観光

Le village du pays de la lavande
【Moustiers Sainte Marie】

ラベンダー畑と美しい村
【ムスティエ・サント・マリー】

RESTAURANT
Glaces

VERRIERS

ラベンダー畑と美しい村【ムスティエ・サント・マリー】

初夏の花といえばラベンダーです。コート・ダジュール周辺にラベンダー畑はないので、花を見たいのならプロヴァンスに行きましょう。標高500メートルのヴァランソル高原では、永遠に続くかのような紫色のじゅうたんを見ることができます。この高原では20世紀の初めから、Lavandin（ラヴァンダン）というラベンダー種を植えるようになりました。これは、原種に最も近い真正ラベンダーと、地中海地方の山岳地域に自生するスパイクラベンダーの自然交雑によって生まれたハイブリッド種です。激しい気候にも丈夫で香りが強くてエッセンシャルオイルがたくさん取れるので、よく栽培されています。

ニースから150キロメートルほど離れたヴァランソル高原までは、約2時間半のドライブ。高速道路をおりて緩いカーブが続く坂道をのぼると、目の前にラベンダー畑が現れます。毎年6月20日ぐらいから花が咲き始め、刈り取られる7月14日あたりまで楽しめます。車を止めて写真を撮ったり、生産者の店でエッセンシャルオイルやせっけん、サシェ（香り袋）などを買ったり。7月半ばに行けば、収穫したばかりのラベンダーを蒸留してエッセンシャルオイルを抽出するところを自由に見ることもできます。

ラベンダーを満喫した後は、「フランスの最も美しい村」（※）に認定されていて、世界中から多くの観光客が訪れるムスティエ・サント・マリーへ。壮大なヴェルドン峡谷とサント・クロワ湖の近くにあるこの村は、バスでマルセイユから約2時間、エクス・アン・プロヴァンスから1時間半ぐらいで行くこともできます。私はヴァランソル高原を訪れた後にこの村へ行かないと、なぜかラベンダーを満喫していない気がするのです。そしてムスティエといえば、ムスティエ焼きを忘れてはいけません。湧き水、きれいな粘土、豊かな森に恵まれているこの地では17世紀から陶器が作られ始めました。村を散策しながらラベンダー風味のアイスクリームを食べたり、川沿いで休憩したり、のんびりとした時間を過ごせます。

ラベンダーの季節は1年でたった1カ月だけ。すぐに終わってしまうので寂しいですが、ラベンダースティックやサシェの香りで花の名残を感じながら、次の年に思いを馳せています。

※「フランスの最も美しい村（Les plus beaux villages de France）」協会が設けた厳しい基準をクリアし、認定された村。同協会は、伝統文化や史跡を数多く抱えた村の歴史的価値の向上と保護、観光地としての魅力を高めることや経済の活性化を目的に1982年に発足。

Juin
6月

Tourisme
観光

Le village des chats
【Carros】

おいしいガレットと猫
【カロス】

おいしいガレットと猫【カロス】

わが家の周辺に点在する村の中で、私が今いちばん気に入っているのがカロスです。ニース市街から家に帰るときには必ず通りますし、10年間もアコーディオン教室に通っていたとてもなじみのある場所です。でも、3つのエリアに分かれているカロスの中で、なぜか旧市街にあたる「村」には行ったことがありませんでした。家族と一緒に訪れたのは数年前のこと。それ以来、すっかりファンになってしまったのです。

ニースから車で約40分、ニース空港から北に18キロメートルに位置するカロスは、アルプスの入り口でもあります。お城を囲むように12世紀に建てられた家々が並んでいて、路地のほとんどが当時のままの姿で残っています。しかし、カロスは美術館のような場所ではありません。洗濯物が干してあったり、家の入り口付近に冬用の薪《まき》が置いてあったり、人がたくさん住んでいるので生活感たっぷりです。でも村の中にあるお店はわずか2軒だけ。お土産屋さんもブティックもありません。

それでも私が夫や子どもたちとカロスに行くのには2つの目的があります。1つはガレットを食べること。コート・ダジュール在住の日本人の間でも評判のお店があるのです。ブルターニュ地方で本格的な作り方を習ったマリーさんが作るガレットは、本場ブルターニュ並みのおいしさ。娘さん夫婦も一緒に働いています。私たち家族はガレット屋さんの家族と大の仲良し。娘さん夫婦も日本が好きなので、いつも日本の話題で盛り上がるのです。そして、もう1つの目的が猫に会うことです。住んでいる人が多いので猫も多いのです。猫が大好きな私たち家族は、カロスに行くたびに出会う猫を数えるのが楽しみになっています。何回も訪れている場所なので、どんなところでどんな猫に出会えるかわかるんですよ。

観光地化されていないため地元の人しか知らないと思いますし、もちろん日本語のガイドブックでは紹介されていない小さな村ですが、カロスは私のお気に入り。SNSで何度か紹介しています。先日、私のInstagramを見て興味を持ってくれた方から「カロス村に行きたい」と初めてリクエストをいただき、うれしくて泣いてしまいました。日本から来たお客さまと一緒にガレットを食べて、猫を探しながら村を散策して、まるで家族と遊びに来ているような楽しい一日でした。まさかこんな日が来るなんて夢のよう。とても幸せな日でした。

Juillet
7月

Vie quotidienne
暮らし

A la plage !
ビーチの楽しみ方

NICE

ビーチの楽しみ方

ヨーロッパ屈指のビーチリゾートとしても知られるコート・ダジュール。地中海は穏やかで波が少ないので、とても泳ぎやすいです。海水浴のベストシーズンは7月と8月ですが、温暖なニースでは寒がりでなければ6月や9月でも泳げます。私が子どものころ、わが家では毎年祝日の5月1日が「初海水浴の日」と決まっていて、10月31日ぎりぎりまで泳ぐ年もありました。

ニースといえば青い海と白い海岸線をイメージする人も多いと思いますが、海岸は砂浜ではなく大きな玉砂利で覆われています。そのため裸足《はだし》で歩くのは痛いし、真夏はとても熱くてビーチサンダルを履いていないとやけどしてしまいます。横になって日焼けをしたくてもタオル1枚では石がゴツゴツしてとても痛くて、リラックスできません。海に入るとすぐに深くなるので、子どもと泳ぐにはちょっと怖いですね。皆さんが写真でよく見る、青と白のパラソルで統一されたサンデッキが並ぶのはプライベートビーチ。半日の利用料金は20ユーロぐらいでシャワーやトイレもありますが、地元の人はビーチに行くのにお金を払いたくないという人がほとんど。そのため家族や友達とはニース以外のビーチによく行きます。

いちばん近いのは、ニースの東約6キロメートルにあるヴィルフランシュ・シュール・メール（076ページ参照）。電車でも車でもすぐ行けるし、入り江で遠浅で透明度も高く、ニースと違って砂浜なので快適です。子どもたちに「ビーチはどこに行きたい？」と聞くと、答えは決まって「ヴィルフランシュ！」です。

私たち家族は夏の夕方にお弁当を持ってビーチに行くのが好き。昼間は混んでいて暑くて日差しが強いからです。17時を過ぎると気温が下がり始め、人も少なくなって特別な雰囲気を味わえます。波ひとつない静かな海に入ったら、自分の足の周りに泳いでいる魚が見えるぐらいの透明度。真夏に日が暮れるのは22時ちょっと前なので、子どもたちは暗くなるまでずっと泳いでいます。

夏は車が渋滞するし、お弁当やおやつ、飲み物、子どものおもちゃを持っての移動は大変だし、車は砂で汚れてしまいます。でも、やっぱり家族でビーチに行ってゆっくり遊んだ日は、コート・ダジュールに住んでいることに感謝します。

Juillet
7月

Tourisme
観光

Mon petit port préféré
【Villefranche sur Mer】

私の大好きな港町
【ヴィルフランシュ・シュール・メール】

私の大好きな港町【ヴィルフランシュ・シュール・メール】

ニースから東へ向かって電車で15分。トンネルを出ると目の前に真っ青な入り江が広がり、一瞬息が止まります。ヴィルフランシュ・シュール・メールは歴史が古く、町並みがきれいでショッピングも楽しく、なにより海が美しい港町。私たち家族のお気に入りのビーチがあって、いつか住んでみたいと思うぐらい好きな町です。

「Villefranche（ヴィルフランシュ）」とは、「税金のない町」を意味する言葉。異邦人からの侵略を避けるために山の上で暮らしていた住民を、再び海辺に集めるために税金を撤廃したことに由来します。その後、フランス全国にたくさんある「ヴィルフランシュ」と区別ができるように、1988年に「シュール・メール（海の上の）」という言葉が追加されました。

ニースと同じように1860年までは現在のイタリアとフランスにまたがるサルデーニャ王国領だったため、どことなくイタリアっぽい雰囲気が漂っているのも魅力です。ピンクやオレンジ、黄色、パステルカラーのかわいい家が並び、青い海と青い空とのコントラストが美しい絶景が広がっています。町全体がこぢんまりまとまっているため、観光にも便利です。

　中世の面影を残す旧市街は坂道や階段が続いていますが、細い路地に入ると日陰が気持ちよくて、ひと休みしながら楽しく散策できます。夏の間はジャスミンやブーゲンビリアがきれいに咲き、道ばたで遊んでいる子どもたちや涼しいところでおしゃべりする人もたくさんいて、生活感がいっぱい。旧市街のメインストリートにはお土産屋さんやブティックが並んでいます。

　旧市街から坂道を下っていくと、レストランが軒を連ねる海岸沿いに到着します。この海岸沿いにあるのが、町の観光名所にもなっているサン・ピエール礼拝堂です。16世紀に建てられたこの礼拝堂は長い間、漁師たちの倉庫としてしか利用されてきませんでした。しかし、この地が大好きで長く滞在した芸術家のジャン・コクトーが、1957年に改装を手がけたおかげで美しく生き返りました。礼拝堂内部の両面の壁と天井は、漁師を守る聖ピエールや海をテーマにした絵で装飾され、コクトーの世界を堪能できます。とても小さな礼拝堂ですがおすすめの場所です。ヴィルフランシュ・シュール・メールを訪れたら、海だけでなく町歩きも満喫してください。

Juillet
7月

Tourisme
観光

Le nid d'aigle
【Gourdon】

地中海を望む鷲の巣村
【グルドン】

Four
RESTAURANT
Cuisine du Marché

地中海を望む鷲の巣村【グルドン】

コート・ダジュールには美しい村がたくさんありますが、「フランスの最も美しい村」の称号を持っているグルドンもその一つ。香水の都グラース（036ページ参照）から北へ14キロメートル、バスで約20分のところに位置する標高760メートルの「鷲の巣村」です。

鷲の巣村とは、鷲が卵を守るために高い山の上で巣を作るように、外敵を避けるために山の上に作られた村のこと。村の広場にある展望台から眺める地中海は素晴らしく、ニースやアンティーブ岬など、東から西へ80キロメートルにわたって続く海岸線を一望できます。中世の町並みが残る村の中には9世紀に建てられたお城がきれいに残っていますが、残念ながら現在は個人所有になっているため見学はできません。

とても小さな村なので30分もあればぐるりと1周できますが、猫の額ほどの狭い村にはかわいいお店やレストランがたくさん。のんびり散策を楽しめます。冬は雪が降って道も凍ってしまうので、村のお店は11月から閉まってしまいます。そのためグルドンへは春から秋の間に行くのがいいでしょう。

ニースから車で1時間以上かかりますが、近くの村と組み合わせれば比較的行きやすく、お客さまをよく案内しています。グラース近郊から山へとのぼる道を進むと突然景色が広がり、緑が増えて深呼吸したくなります。真夏でも気温がそれほど上がらず空気が清らか。4月の新緑、7月の菩提樹《ぼだいじゅ》の甘い香り、そして10月の紅葉もおすすめです。

村の麓には広い野原があるので、ペタンク（100ページ参照）の道具やボール、ラケットなどを持っていって、家族でピクニックをすることも多いですね。たいていは義母と一緒。料理が大好きな義母は、いつも手づくり料理をたくさん持ってきてくれます。お昼前に到着して、子どもたちが遊んでいる間に私たち大人はおしゃべりをしながらランチタイム。おやつ前には村へ移動します。町並みを散策しながらアイスクリームやシャーベットを食べたり、おなかがすいたらクレープを食べたりします。

グルドンはラベンダーと蜂蜜が特産品となっていて、お土産にも大人気。義母は孫に何かしら買ってあげるのが大好きなので、子どもたちは毎回必ずお菓子を買ってもらって帰ります。

Juillet
7月

Vie quotidienne
暮らし

Pourquoi les Français aiment bronzer
日焼けが好きなフランス人

Café Brun
RESTAURANT

CHRISTIAN DIOR
CHRISTIAN DIOR

日焼けが好きなフランス人

海での楽しみ方はたくさんありますが、日焼けもその一つ。ビーチで横になって本を読んだり、音楽を聴いたり、クロスワードやトランプをしたり……。もちろん何もしないでただ寝る人も。暑くなったら海に入って泳いで体を冷やし、また寝る、というのを繰り返している人も多いのです。

フランス人が日焼けに励むのは海だけではありません。天気のいい日はレストランのテラス席に出て、食事をしながら日光浴。登山やハイキングに行くときも、肌を焼きたくてノースリーブやショートパンツを選びます。いちばんすごいのはスキー場。雪焼けでサングラスの痕がついても気にしません。顔を小麦色に焼くのが最高のぜいたくなのです。

日本人のお客さまから「フランス人はなぜ、日焼けをするのが好きなの?」「皮膚がんやシミが怖くないの?」とよく聞かれますが、とにかくフランス人は日焼けが大好き。日常的に日焼け止めを使う女性はあまりいません。私も子ども時代は紫外線をあまり気にしていませんでしたが、皮膚がんの危険性が心配されるようになったここ最近は、ビーチに行くときだけは必ず日焼け止めを使うようにしています。日光の浴びすぎは危ないですが、太陽からもらうビタミンDは体にも精神的にもいいですし、なによりも、「日焼けしているほうが女性も男性も格好いい!」と思うのです。

でも、なぜフランス人はこれほど日焼けが好きなのでしょう? 19世紀までのヨーロッパでは肌が白いのが富裕層のステータスでした。日焼けをしているのは外で労働をする貧乏人、豊かな人は肌が白い、といわれてきたのです。ところが20世紀になって、その意識が変わって日焼けが流行します。

その原因の一つとして挙げられるのがココ・シャネルの存在です。1923年の夏、ヴァカンスから帰ってきたシャネルが小麦色に日焼けをしていたことが、女性誌でとても話題になったのです。それ以降は日焼けをしているのが健康的で、「夏休みを楽しめる(金銭的な余裕がある)階級」に属している証拠、ステータスとなったのです。

純白のドレスと小麦色の肌のコントラストを演出するために、結婚式前に一生懸命にビーチに通って日焼けに励む花嫁さんも多いんですよ。

Juillet
7月

Recette
レシピ

La (vraie) ratatouille
本当のラタトゥイユ

《ラタトゥイユ》

【材料】６人分
タマネギ　1個
大きいトマト　３個
ズッキーニ　６本
※本当は薄い緑色の「ニースズッキーニ」を使いますが、なければ色の濃いズッキーニでも可
赤パプリカ　２個
ナス　２個
砂糖　少々
塩・こしょう　少々
バジル　少々
黒いオリーブ　10粒ぐらい
サラダ油、オリーブオイル

1 タマネギを刻んでサラダ油で炒める。
2 皮と種を取り除いたトマトを大きめに切り、1 のタマネギと砂糖を加えてオリーブオイルで炒める。
3 他の野菜も歯ごたえがあるように大きめに切る。
4 野菜によって揚げるタイミングが異なるため、大きな鍋にサラダ油を入れて別々に揚げる（ここがポイント！　オリーブオイルは高熱に弱いので、弱火で揚げればＯＫですが、高熱なら別の油を使ったほうが色鮮やかに仕上がります）。
5 揚げ終わった野菜は、少しずつ 2 のトマトとタマネギに加えていく。
6 最後に塩、こしょうをかけて、バジルと黒いオリーブを載せて完成。

本当のラタトゥイユ

私の家族は皆、南仏生まれの南仏育ち。マミー（おばあちゃん）もママン（母）も料理上手なので、家でニース料理をよく食べます。ママンのいちばんの自慢料理は夏野菜をたっぷり使ったラタトゥイユ。夏に友達を呼ぶときにはラタトゥイユを作って、みんなで一緒にテラスで食べます。

プロヴァンス料理の一つであるニース料理は、イタリア料理の影響を受けていて、新鮮な地元の海と山の食材とオリーブオイル、そしてハーブをふんだんに使うのが特徴です。２０１９年10月にはフランスの無形文化遺産に登録されました。これによりニース料理の魅力がさらに知られるようになって、これからも伝統が守られると思うだけで、ニース人としてはとてもうれしいですね。

「Ratatouille（ラタトゥイユ）」という言葉は18世紀の終わりに初めて使われ出したといわれていて、「rata」は「ごった煮」、「touille」は「混ぜる」という意味。貧しい人が畑で作った野菜を使って作れる、要するに節約を目的に考えられた料理なのです。

地元でもいろんな作り方がありますが、「ママンの味がいちばん」という人が多いですね。

ラタトゥイユのレシピで大事なルールは2つ。1つは「夏の料理なので旬の野菜を使って、夏に作ること」。そしてもう1つは、「野菜を別々に炒めること」です。野菜を別々に炒めないとグチャグチャのスープ状になってしまい、ラタトゥイユではなくなってしまいます。

ラタトゥイユは熱々で食べてもおいしいですが、冷やして前菜にしたり、タルトにしたり、オムレツに入れたり、さまざまなバリエーションが楽しめます。温かいラタトゥイユはライスに合わせることが多いですね。この場合は日本のカレーと同じように、作った翌日に食べるのがおすすめ。味が落ち着いておいしいですよ。

どちらかというと油っぽい料理なので、ロゼワインにぴったり。南仏の夏を感じさせる料理です。

Août
8月

Tourisme
観光

Le joyau de Cannes
【Les îles de Lérins】

カンヌの宝物
【レランス諸島】

ABBAYE DE LÉRINS
2011
SAINT
LAMBERT
VIN DE PAYS DE
MÉDITERRANÉE
Mourvèdre

カンヌの宝物【レランス諸島】

カンヌが世界中で最も輝くのは5月。その理由の一つがカンヌ映画祭でしょう。映画祭の会期中は国際的なスターが新作映画を紹介するために訪れるだけでなく、憧れのスターに会ったりゴージャスな雰囲気を味わったりするために、世界中からたくさんの人たちがこの地に集まってくるのです。海岸線にある映画祭会場の階段にはレッドカーペットが敷かれ、ドレスアップしたおしゃれな人をたくさん見ることできます。

でも映画祭だけがカンヌではありません。高台にある旧市街やヨットハーバー裏にあるマルシェは観光化されていなくて、地元の人にも人気の場所。ニースからカンヌまでは電車で30〜40分なので、日帰りで観光を楽しめます。

カンヌの宝物は海にもあります。カンヌ沖合に位置するレランス諸島です。レランス諸島はいくつもの小さな島で構成されていて、観光のメインはサント・マルグリット島とサン・トノラ島。サント・マルグリット島へはニースかカンヌから、サン・トノラ島へはカンヌから、それぞれ船が出ています。

内陸に近いサント・マルグリット島は面積2・1平方キロメートルで、レランス諸島の中では最も広い島です。アレクサンドル・デュマの小説で知られる「鉄仮面」が幽閉された17世紀の要塞があり、内部見学もできます。一方、サン・トノラ島は島全体が5世紀に創建された修道院の私有地となっていて、現在は20人ぐらいの修道士が生活しています。彼らが造る希少なワインはお土産にぴったり。修道院内やコート・ダジュールのワインショップで買うことができます。

私がレランス諸島に行く最大の目的は海！　島内は車や自転車、バイクが禁止なのでとっても静か。にぎやかなカンヌから船に乗って島に降り立つと、そこはまるで別世界です。海水浴をしたり、スノーケリングをしたり、SUP（スタンドアップパドルボード）やボートを楽しんだり。エメラルドグリーンの海は透明で、泳いでいる魚がたくさん見えます。一日のんびり過ごすのがおすすめですが、レストランが少ないのでほとんどの人がお弁当を持っていきます。

いずれの島もカンヌから船でわずか15分。気軽にプチ旅行気分を味わえます。

Août
8月

Vie quotidienne
暮らし

Les vacances d'été
夏休みの過ごし方

夏休みの過ごし方

フランス人は「休みのために働く」といっても言いすぎではないと思います。残業しなくてもいいように効率よく1日8時間働いて、頑張ったごほうびとしてヴァカンスを満喫するのです。有給休暇の制度はナポレオン3世のもとで1853年に始まり、当初は公務員のみでしたが、1936年にはすべての労働者に2週間の有給休暇が与えられ、1982年には5週間になりました。1年間働いた社員は有給休暇を使う義務があり、有給休暇を消化させない会社は法律違反とみなされます。長い休みが取れてうれしいのですが、給料はそれほど高くないので、ぜいたくはできません。ヴァカンスを楽しむために1年間節約する家庭も多いのです。

私はフリーランスなので有給休暇はありませんが、夫は公務員なので5週間の休みを必ず取るし、子どもたちは年間合計16週間も休みがあるので、私も家族と一緒に毎年2週間ぐらいは休めるように頑張ります。「ヴァカンス（休暇）」は、文字どおり休むためのもの。時計を忘れて何もしないことが基本です。最初の1週間は旅行に行って、残りは自宅で日曜大工などをしてのんびり過ごします。

わが家はフランス国内やニースからすぐ近くのイタリアに行くことが多いですね。現地では長い移動を避け、1週間同じところに滞在することがほとんどです。田舎の小さな町でアパートを借りることが多く、4人家族なので2つのベッドルーム付きのアパートを1週間1000ユーロ以内で探します。

遊園地や美術館、アクティビティなどでお金がかかるから、節約できるように朝食は必ずアパートで食べ、外で食べるのはランチか夕食のみ。いつもと同じようにスーパーで食事用の買い物をするので、生活費への影響はそんなにありません。ヴァカンス中なのでトマトサラダやパスタのような簡単なものしか作りませんが、外食よりは安いし、子どもたちもちゃんと食べるので助かります。川や海で遊んだり、山でハイキングしたり、お祭りに参加したり、サイクリングしたり、お金のかからない遊びもいっぱいします。

仕事と学校で一年中バタバタしているので、ゆっくりと時間を過ごせて好きなことができるヴァカンスは、家族にとってとても大事な時間。貴重な思い出を作る時間なのです。

Août
8月

Vie quotidienne
暮らし

La pétanque
ペタンク

DE LA PLACE
04.93.32.80.0

ペタンク

南フランスの住人に夏の楽しみ方を聞いたら、「ペタンク」と答える人が多いのではないでしょうか。フランス発祥の球技であるペタンクは「足をそろえる」という意味の南仏の方言が語源になっていて、マルセイユの近くのラ・シオタという村で1907年に誕生しました。ボールを投げるゲームは中世時代からフランス全国にいろいろありましたが、病気で足が不自由になった伝説的選手が投球時の助走をせずにゲームを始めたことからペタンクが生まれたといわれています。

球さえあればやり方は簡単。ある程度平らな土地でしたら草が少しあっても大丈夫ですし、土の上でもできます。目標となる木製の小さな球に向けて金属製の球を投げ合い、相手チームより近づけることで得点を競います。

現在はフランス全国で約26万人がペタンクのクラブに登録していますが、趣味でやっている人を含めると何百万人にもなるでしょう。やったことのないフランス人はいないかもしれないぐらい、なじみのある球技です。定年後のおじいさんたちは一年中遊んでいますが、夏になると参加者の年齢層も幅広くなり、女性や若者の姿もよく見かけます。日照時間が長い夏は、夕食を食べてからやることも多いですね。

私も子ども時代から家族でよくペタンクをしてきました。ピクニックに行くときは、父が必ず鉄の球の入っている黒い重いバケツを車のトランクに入れていたのを覚えています。山でも海でも、親の友人と皆でランチを食べてからペタンク。母親になった今では、家族3世代で競い合うことも多いです。

13歳になった長男は、夏にニース近郊のボンソン村にある友達の家に泊まりに行ったのですが、家に帰ってくるなり、「四角いペタンクがチョー楽しかった。おじいさんたちに負けたのは悔しかったけど」と教えてくれました。ボンソン村は坂と階段の多い場所。村では毎年、「四角いペタンクのトーナメント」が開かれます。

「四角いペタンク」は鉄の丸い球でなく四角い木製の「ボール」を使うのが特徴で、ニースから電車で15分の場所にあるカーニュ・シュール・メール（220ページ参照）の旧市街で1979年に誕生しました。今では毎年8月にカーニュで世界選手権が開催されています。四角いので転び方がいろいろで楽しそう。私もいつかやってみたいと思っています。

Août
8月

Recette
レシピ

La salade niçoise et le pan bagnat
ニース風サラダとパンバニャ

《(本当の) ニース風サラダ》

【材料】 6人分
熟成だけどまだ硬めのトマト　10個
辛くないサラダ用のグリーンピーマン　4個
小さなアーティチョーク（なくても可）　6個
塩漬けのアンチョビ　4枚
ゆで卵　4個
缶ツナ　1缶
ラディッシュ　8個
黒いオリーブ　12粒ぐらい
オリーブオイル、塩、こしょう、バジル　適量

1 トマトを8切にして種を取る。ピーマンは輪切りに。
2 アーティチョークは硬い葉を取って、中心の柔らかい部分だけを小さく切る。
3 アンチョビの塩を水で切る。卵は固ゆでにしてくし型に切る。
4 大皿に切った野菜と卵、ツナを置き、その上に輪切りにしたラディッシュ、黒いオリーブとアンチョビも載せる。皿にニンニクを擦りつけてもおいしい。
5 塩、こしょうを振って、バジルの葉も載せてから最後にオリーブオイルをたっぷり注ぐ。

《パンバニャ》

【材料】 1人分
直径20cmの硬めの丸いパン（パン・ド・カンパーニュ）　1個 ※バゲットでも可
ニース風サラダ　適量
オリーブオイル

1 パンを横2つに切り、切り口の白い部分を少しむしり取る。切った断面に多めのオリーブオイルをかける。
2 土台になるパンに野菜とゆで卵を載せ、その上にバジル、黒いオリーブとアンチョビを載せて、塩、こしょうを振る。
3 もう半分のパンで蓋をして冷蔵庫で1時間寝かす。

ニース風サラダとパンバニャ

世界中でニースの料理が知られているのは、ニース風サラダ（salade niçoise）のおかげでしょう。昔は貧乏な町で労働者が多かったニースでは、地元の人がトマト＋オリーブオイル＋タマネギ＋アンチョビというシンプルな「ニース風サラダ」をよく食べていたといわれています。

しかし、現在ではたくさんのバリエーションがあり、オーソドックスなものからかなり離れているものもよく見かけます。そのため今から10年ぐらい前に「ニース風サラダ保存会」が誕生して、伝統的なレシピを守っています。発祥の地コート・ダジュール周辺でもニース人が怒るようなニース風サラダをときどき目にするので、ニース出身の私が皆さんに本格的なレシピをお伝えしたいと思います。

まず知っておいてほしいのが、ニース風サラダは夏に食べる料理だということです。真夏でないと野菜がおいしくないうえに、一部の材料が手に入りません。そしていちばん大事なのは「火を通した材料はゆで卵のみ」というルールです。

基本的な材料は生野菜、バジル、黒いオリーブ。旬でしたら生の小さなソラマメ、アーティチョークも加えることができます。昔はツナが高級品だったのでアンチョビを使っていましたが、缶のツナでもいいです。キュウリも可能で、レタスを入れるかどうかについては議論があります。ドレッシングはオリーブオイルと塩。ビネガーを入れるのも許されます。絶対だめなのはインゲンやジャガイモ。コーンもだめです。

そして、このニース風サラダを丸いパンで挟んだニース伝統のサンドイッチ、パンバニャ(pan bagnat)もお忘れなく。「濡れたパン」を意味するパンバニャが誕生したのは19世紀。貧乏な労働者が硬くなったパンを水で柔らかくして、トマトなどを挟んで仕事先にお弁当として持っていったのが始まりです。今ではパンを水で濡らすことはしませんが、具材に入れるトマトの汁でパンが柔らかくなって食べやすいです。

ニースではほとんどのパン屋さんで販売されていて、地元の人にもとても人気があります。私たち家族も大好きで、ハイキングなどに出かけるときにはパン屋さんで買って持っていきます。

Août
8月

Tourisme
観光

A Monaco avec les enfants
【Monaco】

子どもも楽しめる高級リゾート
【モナコ】

子ども楽しめる高級リゾート【モナコ】

コート・ダジュールの端っこに位置して、いくつかの町に囲まれている不思議な国・モナコ公国。バチカン市国に次いで世界で2番目に小さくて、面積はわずか2・02平方キロメートルしかありません。日本の皇居とほぼ同じ広さですが人口密度が非常に高くて、現在は約3万8300人の住民がいるそうです。

19世紀後半にカジノがオープンし、鉄道によってパリからも気軽に入国できるようになったおかげでヨーロッパ中のお金持ちが訪れ、別荘や家を手に入れるようになりました。そして1956年にアメリカの女優グレース・ケリーがモナコ大公と結婚したことで、さらに世界で知られるようになったのです。高級ホテル、ブランドショップ、星付きレストラン、ピカピカなスポーツカーなど、モナコはまさに別世界。毎年5月末にはF1世界選手権レース「モナコグランプリ」が開催され、世界中からセレブが集まります。とにかくゴージャスな国ですが、それだけはありません。キラキラとした大人の世界のほかに、子どもが楽しめるモナコもあるのです。

その一つが車。ニース周辺では見かけないランボルギーニやフェラーリなどの派手なスポーツカーがモナコではたくさん走っていて、カジノ広場やホテル前、F1コースに使用される公道でいっぱい見ることができます。私の息子たちもモナコで格好いい車を見るのが大好き。5つ星ホテルの前に止まっていたゴールドの車を見た瞬間の、次男の感動の声は今でも忘れられません。

車好きには、グレース・ケリーと結婚したレーニエ3世が集めた車を公開している大公自動車コレクション博物館もおすすめです。この博物館は2022年7月にF1スタート地点の近くに移転、ヴィンテージカーやラリーカー、F1カーなど約70台の自動車が広大な敷地に展示されています。

車に興味がなければ旧市街にある海洋博物館に行きましょう。レーニエ3世の曽祖父で海洋学者でもあるアルベール1世によって1910年に設立された博物館で、海に面した断崖絶壁に建っています。地下にある水族館では地中海と世界中の魚を見ることができるほか、地上階にはアルベール1世が集めた標本や研究資料が展示されていて、親子で楽しい時間を過ごせます。

Septembre
9月

Vie quotidienne
暮らし

A l'école !
学校生活

UHU stic
Pritt
Marker Peps
BIC Velleda
STABILO BOSS

LES ESPÈCES LES PLUS DANGEREUSES
DE LA MÉDITERRANÉE
FRANCE

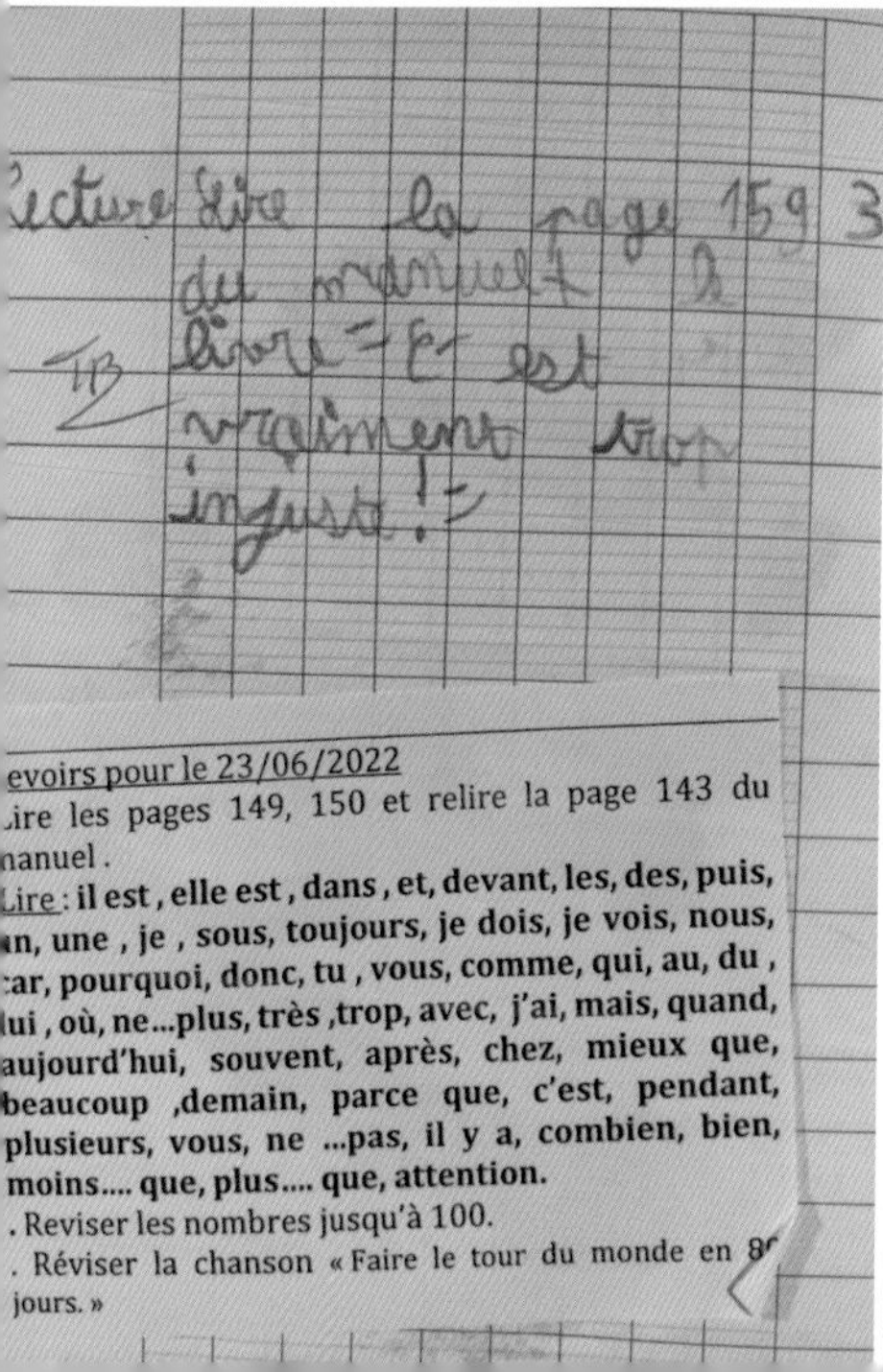
Lecture Lire la page 159 3
du manuel
TB
livre est
vraiment trop
injuste !
evoirs pour le 23/06/2022
Lire les pages 149, 150 et relire la page 143 du
manuel .
Lire : il est , elle est , dans , et, devant, les, des, puis,
un, une , je , sous, toujours, je dois, je vois, nous,
car, pourquoi, donc, tu , vous, comme, qui, au, du ,
lui , où, ne…plus, très ,trop, avec, j'ai, mais, quand,
aujourd'hui, souvent, après, chez, mieux que,
beaucoup ,demain, parce que, c'est, pendant,
plusieurs, vous, ne …pas, il y a, combien, bien,
moins…. que, plus…. que, attention.
. Reviser les nombres jusqu'à 100.
. Réviser la chanson « Faire le tour du monde en 80
jours. »

学校生活

フランスでは3歳から幼稚園に通い始め、小学校は6歳から5年間、中学校が11歳から4年間で、高校が15歳から3年間です。高校卒業試験に合格したら大学に入学できて、ずっと公立だったら3歳から20歳過ぎまで教育費は無料です。小学生が使う教科書代わりのワークブックは無料で提供されますし、教科書も学校で無料で貸し出してくれるので、教材費もほとんど不要。もちろん給食費などは有料ですが、フランスの学校は本当にお金がかかりません。

新学期は9月。その後は、秋休み、クリスマス休み、冬休み、イースター休みと6週間ごとに2週間の休みがあって、7月と8月は2カ月間丸々お休み。夏休みには宿題もありません。しかも公立の幼稚園と小学校は水曜がお休み。週に4日しか行かなくていいのです。中学校からは水曜に授業がありますが午前中のみ。通学用のカバンや洋服も自由なので、みんな幼稚園から思い思いの装いで個性を発揮しています。

わが家の子どもたちが通っているのは、自宅から約2キロメートル離れた公立の小学校と中学校です。2人とも授業の開始は午前8時30分で、小学生の次男は午後4時20分まで、中学生の長男はだいたい午後5時まで勉強します。毎朝、子どもたちを学校まで車で送っていくのは私かママン(母)の役目。フランスでは子どもが高校生になるまでは大人が送り迎えする習慣があるのです。放課後も迎えにいく必要がありますが、共働きなので時間がありません。そのため次男は学童保育所に預けて、長男の授業が終わってから一緒に迎えにいきます。

学校が休みの水曜は、2人ともクラブ活動の日。次男は毎週水曜の午後にサッカー、長男は水曜の午後と土曜の朝にアメリカンフットボールのクラブに出かけています。フランスの学校には日本のような部活動がないため、子どもたちはスポーツや文化系など自分の興味に応じて学外のクラブに個人で参加申し込みをします。ここでも送り迎えは大人の役目。とはいえ夫は仕事ですし、私もガイドの仕事が入ることがあるので、その場合は私の両親が送り迎えしてくれます。

わが家に限らず子どもがいるほとんどの家庭では、毎週水曜は〝おばあちゃんの日〟。共働きで時間が取れない両親の代わりに、おばあちゃんが孫たちの面倒を見てくれる日でもあります。

Septembre

9月

Tourisme

観光

Week-end d'anniversaire de mariage 【Porquerolles】

結婚記念日のプチ旅行
【ポルクロール島】

結婚記念日のプチ旅行【ポルクロール島】

私が結婚したのは9月6日。よく晴れた暑い日でした。それから月日が経って子どもがいる今でも、月に1回ぐらいは夫と2人だけで外食をしたり、ショッピングをしたり、海辺を散歩したりと、夫婦だけの時間を大事にしています。

中でもいちばんリフレッシュできるのは2、3泊のプチ旅行。義理の母も私の母も、夫婦2人だけの時間はとても大切だと理解しているので、子どもたちを安心して預けて出かけることができます。とはいえ短い旅なのであまり遠くではなく、南フランス周辺やイタリアに行くことが多いですね。

結婚記念日のプチ旅行に出かけて最近特に気に入ったのが、フランス南東部の港町トゥーロンの近くに位置するポルクロール島です。地中海に浮かぶイエール諸島の3つの島の中でいちばん大きい島で、自宅から島までは車で約2時間半、フェリーで20分。近すぎず遠すぎず、ちょうどいい距離です。島内にはブドウ畑やヨットハーバー、現代アート美術館などが点在し、港の近くにはレストランや小さなお店、レンタルサイクル店などが連なるにぎやかな町並みが広がっています。島の北東部にあるノートルダムビーチは特に美しくて、2015年に「ヨーロッパでいちばん美しいビーチ」に選ばれました。

東西7キロメートル、南北3キロメートルのポルクロール島は島全体が国立海洋公園に指定されているため、車は入れません。その代わり、島内にある54キロメートルの道路はすべて歩行者とサイクリストに開放されています。私はめったに自転車には乗りませんが、夫は体を動かすことが生きがいで、特に自転車が大好き。そんな夫と一緒にこげる2人乗りのタンデム自転車が楽しそうだったのでレンタルしたところ、なんと電動タンデム！　最初はドキドキしましたが、慣れたらとても楽しくなって遠いビーチまで楽々行けるようになりました。険しい坂道は全部夫にお任せ。急な下り坂は怖かったので、夫の背中の後ろに隠れてジッと目を閉じていました。「夫と一緒にいれば怖くない」「夫を完全に信用している」ということにあらためて気づけた、いい体験になりました。

2人だけの楽しい思い出がいっぱいできたポルクロール島。次は子どもを連れて皆で遊ぶか、私たちだけのパラダイスにするか？　まだ迷い中です。

Septembre
9月

Vie quotidienne
暮らし

Les vendanges
ブドウの収穫

DOMAINE DE
la Source
Dalmasso
BELLET
NICE · CÔTE D'AZUR
BUBBLES
so niiice !
BRUT NATURE

ブドウの収穫

9月といえば新学期と収穫の時期です。フランスはイタリアの次にワインの生産量が多く、アメリカの次にワインを消費する〝ワインの国〟。冬は赤、夏はロゼが特に人気です。暑い夏もビールではなく、ロゼを飲む人がほとんどなのです。

ワインの産地としてはボルドーやブルゴーニュ、プロヴァンスが有名ですが、ニースにもベレ地区という貴重でレアな産地があります。ベレはニースの西側、ニース空港より少し北の山の上にあるAOP（Appellation d'origine Protégée／原産地保護呼称）で、ニースの温暖な気候で育つブドウからは高品質なワインが造り出されます。全部で50ヘクタールと猫の額ほどの小さな畑なので生産量がとても少なく、ワイン専門店でないと手に入りにくい〝知る人ぞ知る〟通のワインです。

10カ所ほどのワイナリーがありますが、ほとんどが家族経営の小さなワイナリー。人や環境に優しい昔ながらの手法で貴重なワインを造っています。小さくて細い段々畑なので収穫は手作業のみ。9月上旬から1カ月間かけてブドウを摘んで、搾って熟成させます。収穫をするのはほとんどが地元の常連アルバイトさん。朝早くからお昼まで頑張ってブドウを収穫して、お昼になったら皆で楽しくワインを飲みながらランチを食べて、ゆっくり帰ります。

ベレのワインでいちばん有名なのは、地中海独特のブドウ品種「ロール」を利用した白ワイン。辛口で和食にもよく合います。ニース周辺でしか育てられない「フォール・ノアール」というブドウ品種を多めにブレンドした赤ワインはとても珍しく、ワイナリーに案内したお客さまは皆、「初めての味ね」と感動してくれます。ロゼワインは「ブラケ」というブドウ品種を使うので、しっかりしたフレーバー。プロヴァンスで造られている軽めのロゼワインとは違い、料理と一緒に味わえる重厚な味わいが特徴です。

「水のようにワインを飲む」といわれるように、日本の皆さんから見るとフランス人はみんなワインが大好きで、毎日飲む印象が強いと思います。でも、私も夫も母も、そして祖母も、ワインはもちろんお酒全般があまり好きではなくて1滴も飲みません。父は食事のときにワインを1杯、暑い日にビールを1杯飲むぐらい。フランスにも、いろんなフランス人がいるのです!

Septembre
9月

Tourisme
観光

Le village de la
gastronomie 【Mougins】

ガストロノミーの村
【ムージャン】

RESTAURANT
L'amandier
DE MOUGINS
Vous souhaite la bienvenue
OUVERT TOUS LES JOURS

ガストロノミーの村【ムージャン】

カンヌから北へ7キロメートル、車で約15分しか離れていないムージャンは、多くの芸術家やセレブに愛された村です。芸術家のジャン・コクトーをはじめ、デザイナーのクリスチャン・ディオールやイヴ・サン・ローラン、歌手のエディット・ピアフ、ジャック・ブレル、女優のカトリーヌ・ドヌーヴなど、大勢の有名人がこの村に滞在していました。特に有名なのが画家のパブロ・ピカソで、1961年にムージャンに家を買い、亡くなるまでの12年間をこの地で過ごしました。

そしてもう一人、ムージャンの歴史に名を残しているのがシェフのロジェ・ヴェルジェです。1969年にレストラン「Le Moulin de Mougins（ル・ムーラン・ド・ムージャン）」をこの村にオープンさせた彼は、ミシュランガイドの星の数を順調に増やし、1974年には3つ星を獲得しました。

南フランスならではの新鮮な食材や調理法を生かした彼の料理によって、ムージャンは「ガストロノミー（美食）の村」として世界中に知られるようになりました。

1992年にはムージャンにあるレストランで合計7つの星を獲得し、フランスでいちばん星を集めている村になったこともあります。現在、星を獲得しているレストランはありませんが、小さな村の中にはたくさんのレストランやカフェが軒を連ねています。

私のおすすめは、「アーモンドの木」を意味する「L'Amandier（ラマンディエ）」。ロジェ・ヴェルジェが村の中心に作ったもう一つのレストランで、彼が生きていたころは2つ星を獲得していたこともあります。現在は星を取っていませんが、美しい景色を眺めながら繊細でおいしい料理をリーズナブルに味わうことができます。

ムージャンを美食の村にしたロジェ・ヴェルジェに敬意を表すために2006年から始まったのが、国際ガストロノミーフェスティバル「Les Etoiles de Mougins」です。2年に1度、9月に開催されているフェスティバルの期間中、フランス全土はもちろん世界各国から大勢のシェフが集まり、料理のデモンストレーションやワークショップなどが村のあちらこちらで開催されます。村を散策しながらおいしいものをたくさん楽しめる、まさに〝美食の村〟にふさわしい催しです。

Septembre
9月

Tourisme
観光

Le paradis de Le Corbusier 【Roquebrune Cap Martin】

ル・コルビュジエが愛した海
【ロクブリュヌ・カップ・マルタン】

le masaguen
PARKING

ル・コルビュジエが愛した海【ロクブリュヌ・カップ・マルタン】

建築やデザインの好きな方なら、この村の名前を聞いたことがあるのではないでしょうか？　ニースから電車で30分、モナコ（108ページ参照）からもマントン（228ページ参照）からもそれぞれ6キロメートルしか離れていないロクブリュヌ・カップ・マルタンは〝モダニズム建築の巨匠〟と呼ばれるスイス出身の建築家ル・コルビュジエが愛した村として知られています。

コート・ダジュールの海をこよなく愛し、妻と一緒に毎年のようにこの村を訪れていた彼は、海岸沿いのカップ・マルタン地区で「ヒトデ軒」という名のカフェを営んでいた夫婦と仲良くなります。そして1952年、ヒトデ軒のすぐ隣の土地を借りて彼自身と妻のための休暇小屋「Cabanon de Le Corbusier」、通称キャバノンを建てました。キャバノンはル・コルビュジエ唯一の木造の建物で、2016年にユネスコの世界遺産に登録されています。

3・66平方メートルのとても小さくてシンプルな建物ですが、目の前には紺碧の地中海が広がっていて、彼にとっては〝コート・ダジュールのお城〟。1957年に妻に先立たれてからも1人で滞在していました。実は、彼が亡くなったのはこのキャバノンから見おろす地中海。日課の海水浴中に心臓発作によって77歳でこの世を去ったのです。

お墓はキャバノンから見える山の上の旧市街にあります。海岸沿いのカップ・マルタン地区からは、坂や階段を上がって徒歩約30分。ずっとのぼっていくので大変ですが、中世の面影を残す旧市街の石造りの町並みと地中海の絶景が疲れを癒やしてくれるはず。旧市街の入り口にある展望台からはモナコの高層ビルと海岸線が一望できて、絶好の写真スポットです。気軽にあいさつをしてくれる住民に出会ったり、洞窟のような場所におしゃれなアトリエがあるのを見つけたり……。10世紀のお城がきれいに残っているので、こちらも必見です。

ル・コルビュジエが最後の居場所として選んだのは、お城よりもさらに山の上にある墓地。亡くなる数年前に、大好きだった地中海の夕日と紺碧の海を思わせる小さくて四角い墓石を自らデザインしました。妻と一緒にここに眠っている彼は、きっと大好きな地中海を永遠に眺めていたかったのですね。

Octobre
10月

Vie quotidienne
暮らし

La récolte du jasmin
ジャスミンの収穫

ジャスミンの収穫

ガイド歴15年の私。お客さまをお連れして何度も行く場所では、知り合いになった人がたくさんいます。香水ツアーのために毎年何回も訪れるグラース（036ページ参照）で仲良くなったのが、旧市街で香水屋さんを経営するマダム・マルティーヌ・ミカレフです。夫婦2人でブランドを立ち上げ、オリジナル香水に地元の花をたくさん利用しています。その彼女が、「すてきな花の生産者とコラボを始めたので、ジャスミン摘みに参加してね」と誘ってくれたのです。ジャスミン摘みの季節は意外と長くて7月半ばから10月末まで。体験したことがなかったので、喜んで足を運びました。

グラース郊外の畑でマルティーヌさんの香水のためにジャスミンを栽培しているのが、ピエールさん一家です。現在は母親のロムさんと一緒に香料用のジャスミン、バラ、アイリス、そしてチュベローズを育てています。夜の間に満開になったジャスミンは、その香りがいちばん強い早朝6時から摘み始めます。とてもデリケートな花なので一つひとつ丁寧に手で摘んで、日差しが強くなる昼前には作業を終えて香水工場に持っていき、香料に変身させるのです。

早朝、畑に到着して車から降りた瞬間、華やかで甘い香りが出迎えてくれました。マルティーヌさん、ピエールさん、ロムさんたちはすでに籠いっぱいに花を摘んでいます。私も籠を受け取って、楽しくおしゃべりをしながら真っ白な花を素早く摘んでいきました。お昼前になったら収穫は終わりです。その後、ロムさんの家に行って一緒にテラスで水を飲みながらおしゃべりをしていたら、「ステファニーの家には庭があるかしら？　先日チュベローズ畑を整備したので、いらない苗がいっぱいあるのよ。よかったら持って帰って早く植えてね」とロムさんが言ってくれたのです。甘く濃厚な香りが特徴のチュベローズはランの一種で、特に夜になると香りが強くなります。

庭が生きがいのマミー（おばあちゃん）が喜ぶだろうと思い、もらって帰ってから数週間後……。マミーと庭でおしゃべりをしていたら、「あのマダムからもらった花が咲いたのよ。すてきな香りで感動したわ」と言って、私のために1輪持ってきてくれました。さっそく家に持ち帰って花瓶に入れたところ、夜になって香水のような官能的な香りがどこからともなく漂ってきたのです。その香りの主はチュベローズ！来年はチュベローズの収穫も体験したくなりました。

Octobre
10月

Vie quotidienne
暮らし

Randonnée en famille
家族でハイキング

家族でハイキング

夫も子どもたちもアクティブなので、週末に家でテレビを見たり、ゲームをしたりすることはほとんどありません。なにしろニースは年間300日も晴れているのです！そのため休日は家族でときどきハイキングに出かけています。コート・ダジュールというとビーチや海水浴をイメージする人も多いかもしれませんが、すぐ近くには山があり、たくさんのハイキングコースがあります。

しかも夫は、ニース周辺に点在する全長3000キロメートルのハイキングコースの管理を仕事にしている〝ハイキングのプロ〟。木を切ったり、石壁を作ったり、案内板を替えたり……重い道具を背負って毎日何十キロメートルも歩いています。たくさん歩いて毎週新しい場所を発見しているため、「自分が見つけたすてきな場所を家族にも見せたい」と言って、休日に私たちを案内してくれるのです。

夏は海水浴客で混んでいるし暑いので、海岸線を避けて内陸部に行くことが多いですね。アルプス山脈の地中海側に位置するメルカントゥール国立公園までは、自宅から車で30分。標高3000メートルをこえる山々が連なる広大な公園内には全長600キロメートルものさまざまなハイキングコースがあり、美しい湖や滝、渓谷のほか、珍しい動植物にも出会えます。夏でもびっくりするぐらい涼しくて、虫の声や花の種類まで違うんです。

冬はオフシーズンでよく晴れるので、海岸線のほうに行きます。ニースの東側、フェラ岬にあるサン・ジャン・カップ・フェラを1周するコースは、リュックサックや本格的な靴がなくても気軽にハイキングを楽しめるので、旅行者の方にもおすすめ。ヨットハーバーや高級ホテルを眺めながら歩いて、砂浜が美しいパサブルビーチがゴールの全長6キロメートル、約2時間のコースです。

ハイキングといえば、外で食べるランチも楽しみの一つ。わが家では「今日はハイキングに行こう!」といった感じで突然決まることが多いので、パン屋さんでサンドイッチを買って出かけることが多いですね。南フランスのサンドイッチといえば食パンではなくバゲットサンド。子どもたちはソシソン(サラミ)もしくはハムのサンドイッチ、私たち夫婦はパンバニャ(104ページ参照)がランチの定番です。

Octobre
10月

Tourisme
観光

Le vin tuilé de Georges Rasse
【Saint Jeannet】

太陽が育むワイン
【サン・ジャネ】

太陽が育むワイン【サン・ジャネ】

ワインの産地として知られるサン・ジャネはニースから車で約40分、カロス村（068ページ参照）の近くにあります。ハイキングが好きな人がよく訪れる村で、私たち家族も山の麓でピクニックをしたことがあります。

ローマ人がこの地にオリーブとブドウの木を植え始めたのは2000年前のこと。南向きで太陽がふんだんに降り注ぐことに加えて、冷たい北風を遮る崖があるサン・ジャネの地形はブドウ栽培に適していたため、それからずっとワイン造りが続けられてきました。1950年ごろまでは住民のほとんどがワイン造りに携わっていたそうですが、現在この村でワイナリーを営んでいるのはたった2軒だけ。そのうちの1軒、ジョルジュさんのワイナリーは村から2キロメートルぐらい離れた場所にあります。

なだらかな斜面にオリーブとブドウの木が並んで植えられているジョルジュさんの畑は、10月末になるとオレンジや黄、赤などの紅葉で彩られ、まるで絵画のような幻想的な風景に変わります。ワイナリーを訪れるとまず目に入るのが、テラスにずらりと並べられた丸い形のワインボトル。ブドウ畑を背景に、色鮮やかなガラスのボトルが太陽の日差しを浴びてキラキラと輝いています。

なぜワインを日光浴させているのかというと……。昔ジョルジュさんのお父さんが友達とワイナリーの屋根を改装した際、うっかり屋根の上にワインボトルを置き忘れてしまったそうです。数カ月後、ボトルを発見したお父さんがそのワインをひと口飲んでみたところ、とてもおいしかったのだとか。それ以来、ジョルジュさんのワイナリーではワインを一定期間、太陽の下に置いておくことにしたそうです。実はこれは古くからあるワイン熟成法の一つ。日に当てることで酸化防止剤を入れることなく熟成させることができるのです。

フランス語で「vin tuilé（瓦色、または瓦の上で熟成したワイン）」と呼ばれるこのワイン。ロゼワインの場合は約9カ月間も太陽を浴びさせるため、少し茶色に変色します。「日焼けが好きなフランス人」（084ページ参照）のように「色が濃くなるほうがいい」なんて、なんとも南仏らしいワインだと思いませんか？

Octobre
10月

Vie quotidienne
暮らし

Les Français et le fromage
チーズが好きなフランス人

CAMEMBERT DE

チーズが好きなフランス人

フレッシュ、ハード、セミハード、青カビ、白カビなどなど、フランスには全部で1200種類ぐらいのチーズがあるので、飽きずに一年中いろんなチーズを味わえます。フランス人は日本人の約10倍、平均して1人あたり年間26キログラムものチーズを食べるといわれているんですよ。メイン料理の後やディナーの最後にデザートとして食べることも多いですね。私は子どものころはチーズがそれほど好きではなくてあまり食べていなかったのですが、大人になってチーズのおいしさに目覚めて、それから少しずつ好きになりました。

ほとんどのチーズは牛の乳を使って作られていますが、南フランスでは伝統的に山羊の乳で作ったチーズ（シェーブルチーズ）が食べられてきました。険しい斜面が海岸線のすぐ近くまで迫っているために平坦な土地が少なく、一年を通じて温暖で乾燥した気候の南仏では牛を育てるための広大な牧草地がなかったため、その代わりに山羊を育ててきたからです。

ニースのレストランでは、ニース風サラダと並んでSalade de chèvre chaud（温かい山羊のチーズサラダ）が前菜の定番メニューになっているので、ぜひ食べてみてください。これは、山羊のチーズをパンの上に載せてチーズが少しとろけるまで温めてから、レタスやルッコラなどの葉物野菜と一緒に器に盛ったサラダ。蜂蜜や松の実をトッピングすることもあります。とろりと溶けた山羊のチーズが風味豊かな温かいサラダなので、少し寒さを感じる秋にぴったりのひと皿です。

山羊のチーズには独特の臭みがあるため、「臭くて食べられない」という日本人のお客さまも多いのですが、そんな方にはfrais（フレー）と呼ばれる熟成期間1週間ぐらいの新鮮な山羊のチーズをおすすめします。チーズは時間が経つにつれて色も匂いも味も濃くなっていくので、新鮮なチーズを選べば匂いも癖も少なくて意外と食べやすいんですよ。それでもまだちょっと食べにくいと感じたら、パンにチーズを載せて、イチジクのジャムや蜂蜜をかけて食べてみてください。山羊のチーズの酸味には、甘くてこくがあるイチジクのジャムや蜂蜜がよく合います。これは昔、コルシカ島を旅したときに教えてもらった食べ方で、試してみたら癖になるほどのおいしさ。それからずっとこの食べ方が気に入っています。

Octobre
10月

Tourisme
観光

Le village du verre bullé
【Biot】

吹きガラスの村
【ビオット】

FOUR COMMUNAL
Emile Cheval
CORDONNIER

吹きガラスの村【ビオット】

ニースから車で約40分、ニースとカンヌの間にあるビオットは、「吹きガラスの村」として知られる鷲の巣村です。観光客向けのガイドブックでは、気泡が入った口吹きガラスが〝名物〟として紹介されていることが多いのですが、ガラス工房が設立されたのは１９５６年と意外に最近の出来事です。

実は、ビオットが豊かな村になったのは陶器づくりのおかげです。オリーブオイルや水、フルーツなどを運ぶための大きな甕《かめ》や壺《つぼ》を作るのに必要な粘土や砂に恵まれていたためで、18世紀には約40カ所もの工房で年間８万個の甕や壺を制作。これらはアメリカやインドにまで輸出されていたそうです。しかし19世紀に入って競争が激しくなり、陶器づくりは20世紀初めに衰退してしまいます。

陶器に代わってビオットを代表する産業となったのが、吹きガラスです。１９５６年に最初のガラス工房「La Verrerie de Biot」が作られ、気泡が入ったカラフルで分厚いガラス製品で有名になりました。現在でも村から少し離れたこの工房で、ガラスを吹く職人さんの仕事ぶりを見学したり、美しいガラス製品を購入したりすることができます。

村の中心にある石畳の旧市街でいちばんおすすめなのが、アーケード広場です。広場に面した建物の1階がお店、2階はアパートになっていて、アーチ型の通路が独特な雰囲気を漂わせています。そのまま広場の奥まで進むと、サント・マリー・マドレーヌ教会があります。12世紀のロマネスク様式の教会跡に15世紀に建てられた教会で、階段をおりて祭壇へと向かうとても珍しい構造です。ビオットは、ガラス工芸家や陶芸家が多く住む芸術の村。小さな村の中にはアーティストのアトリエが点在していて、世界に一つしかない作品を購入できます。

私は高価な食器やカトラリーに興味はありませんが、結婚してからビオットのコップを少しずつ買い足してきました。気泡が入ったパステルカラーのガラスのコップは涼しげで、夏のレモネードや友達用のビールにぴったり。ピンク、紫、白などの色を集めて、最後に大きなブルーのピシェ（水差し）もそろえて満足度100パーセント！かなり厚みがあるガラスなので割れにくいし、とってもカラフルなので、夏のお食事会にこのコップを出すと必ず褒められます。

Novembre

11月

Tourisme

観光

L'automne à
【Saint Paul de Vence】

南仏の秋を彩る紅葉
【サン・ポール・ド・ヴァンス】

南仏の秋を彩る紅葉【サン・ポール・ド・ヴァンス】

南フランスに真っ赤なカエデはありませんが、オレンジ色に染まるポプラや、茶色になった落ち葉がロマンチックなプラタナスが秋の訪れを告げてくれます。そんな南仏の秋を心ゆくまで楽しみたいなら、サン・ポール・ド・ヴァンスがおすすめです。

11月に入ると南フランスを訪れる観光客は少なくなり、お土産屋さんやレストランは休みを取る時期になります。夏の間はずっと頑張ったので、1カ月間休むところがあれば翌年の春まで休む店もあるのです。しかし、ニースからバスで約1時間のこの村には一年中住んでいる人が多いので、冬のオフシーズンでもレストランやお店が全部同時に休むことはありません。そのため静かにゆっくりと、オフシーズンならではの散策が楽しめます。

城壁に囲まれたサン・ポールは山の上にあり、緑に囲まれていて海が遠くに見えます。古代ローマ時代から丘の上に防衛施設が築かれ、14世紀には国境を守る重要な役割を担っていました。19世紀には豊かな光を好んだ画家のラウル・デュフィやシャイム・

スーティンがこの村でキャンバスを広げ、その後、1950年代はカンヌの映画祭に訪れた映画スターや作家も滞在するように。画家のマルク・シャガールも一軒家を買って20年間も暮らし、今は村の墓地で眠っています。サン・ポールの紅葉で私が特に好きなのはヤマブドウ。村の中を歩いていると、家々や別荘の壁にヤマブドウの蔓《つる》が美しく伝っている姿をよく見かけます。夏はきれいな緑色の葉っぱで、秋が近づくにつれて黄色から茶色、やがて秋本番には美しい赤色に染まるのです。

そして、秋といえば〝食欲の秋〟、キノコの季節でもあります。コート・ダジュール周辺でも、夏の終わりから大きな籠を持って山でキノコを探す地元の人の姿をたくさん見かけます。マルシェで売っているのは宝物のように値段が高いので、自分で探しに行くのが楽しいし、少しでも見つければぜいたくな夕食ができるからです。

ジロール茸も人気ですが、「キノコの王様」といえばセップ茸。イタリアではポルチーニ茸と呼ばれていて、オリーブオイルと炒めてパセリを加えるだけで立派なひと皿のできあがりです。レストランで食べるならパスタやリゾットがおいしいですね。ロゼワインではなく、そろそろ赤ワインが飲みたくなる季節。サン・ポールの紅葉を楽しみながら、秋の味覚も味わってください。

Novembre
11月

Tourisme
観光

Une journée en Italie
日帰りイタリア旅行

L'ORTO
DEL SOLE

Stecadò

23

日帰りイタリア旅行

コート・ダジュールはフランスの最も南東部にあるので、お隣のイタリアはすぐ近くです。ニースは1860年までイタリア王家のサヴォイア家によって統治されてきたので、今でもイタリアっぽい雰囲気がよく残っていますし、コート・ダジュール周辺の人はイタリアに親しみを感じています。

ニースの中心から国境までは35キロメートル。車に乗って40分ほどで行けます。同じEUなのでパスポートもいらず、隣の町に行くのとあまり変わりません。国境に接したイタリア北西部のリグーリア州ではフランス語が通じるため、言葉の心配もいりません。ニースあたりの人だと、イタリア人の親戚がいたり、学校でイタリア語を勉強していたりする人も多いですね。南フランスよりも物価や税金が少し安いので、たばこやお酒、食料品を定期的に買いに行く人も多いのです。

私たち家族もイタリアでランチをして散歩することが好き。朝9時ごろに家を出れば、国境に近いヴァンチミリアという町に10時過ぎに到着。火曜から日曜まで食料品のマルシェが開催されているので、取れたてのアーティチョークや細長いズッキーニをよく買います。地元で有名なトロフィエ・アラ・ジェノヴェーゼ（ジェノヴェーゼソースのパスタ）を家で作るために、生のショートパスタとジェノヴェーゼソース、そしてパルミジャーノチーズを購入したらカフェで休憩して、お昼前にはドルチェアクアへ移動します。

印象派の巨匠クロード・モネが愛したドルチェアクアは、歴史が長くてかわいい村なのにあまり観光地化されていなくて生活感がたっぷり。猫にもよく出会えるので、子どもたちも行きたがります。村の入り口にはモネの名画にも描かれた石造りの太鼓橋が架かっていて、この橋を渡ったところにあるヴァレリアさんのレストランで食べるトロフィエ・アラ・ジェノヴェーゼは私のお気に入り。世界一おいしいと思っています。そしてランチの後は村の中心部へ。地元の人とイタリア語であいさつを交わしながらドーリア城へと向かいます。高台にあるお城から一望する村の絶景は見事で、いつも感動してしまいます。

それにしても日帰りで外国旅行ができるなんて、ぜいたくだと思いませんか？　これもコート・ダジュールの魅力ですね。

Novembre
11月

Vie quotidienne
暮らし

Les chats de la Côte d'Azur
et Lola

南仏の猫たちと日本猫のロラ

南仏の猫たちと日本猫のロラ

数年前から日本で猫ブームが続いているため、日本のお客さまから「猫がたくさんいる村を紹介してください」というリクエストを受けることがあります。猫がたくさんいる村のトップ3は、ヴァルボンヌ（244ページ参照）、カロス（068ページ参照）、そしてスミレ村と呼ばれるトゥーレット・シュール・ルー（232ページ参照）。スミレ村には子猫のときから知っているキャラメル君がいますし、カロスにははしごをのぼって家に帰るトラ君、そしてアリスの猫にそっくりの茶色い猫もいます。車が入れない小さな村の路地は猫にとって最高の遊び場。真夏の暑い時間帯は猫の姿はあまりありませんが、涼しい時間であればあちこちで出会えて写真もいっぱい撮れます。

日本人と同じようにフランス人も猫が大好き。私も子どものころからずっと猫を飼ってきました。現在は2匹の雌猫を飼っていますが、同時に7匹飼ったこともあります。これまで飼った25匹の中でいちばん思い出に残っているのが、21歳のときに留学先の東京で出会った捨て猫のロラちゃんです。

道ばたで出会ったときは小さくて痩せてガリガリでしたが、しっぽが短くてかわいい三毛猫でした。飼い主がいないのなら私が飼いたかったけれど、6カ月後に帰国することが決まっていたので連れて帰れるのかわかりません。そこで大使館に確認したら手続きはできそうだったので飼うことにしました。家に連れて帰った後、フランス語で「Tu as faim？（おなかがすいたの？）」と聞いても反応はありません。そこで日本語で聞いたら、すぐに「ニャア」と鳴き、喜んでペットフードを食べてくれました。

それからは、寝るのも、ごはんを食べるのも、勉強も、ずっとロラちゃんと一緒。フランスに帰国後は1年間パリで生活してからニースへ戻ったのですが、ロラは私とともにノマド（遊牧民）暮らしを満喫しました。どんなところでも2人一緒なら安心。ロラはニースのわが家の庭でトカゲを捕まえて、いっぱい遊んで、子猫を見つけたときには自分の子のように面倒を見ました。

私の子どもが生まれたときも見守ってくれたロラ。2017年の冬に亡くなりましたが、夫が家の裏にお墓を作ってくれたので、今でもずっとそばにいます。年齢不明のロラと過ごせた15年間は、一生忘れられません。ロラ、ありがとう。猫のパラダイスで待っててね。

Novembre
11月

Recette
レシピ

Les gnocchis de ma Mémé
メメ（ひいおばあちゃん）のニョッキ

《メメ（ひいおばあちゃん）のニョッキ》

【材料】６人分
ジャガイモ　1kg
小麦粉　２５０g
卵　1個
オリーブオイル　適量
塩、こしょう　少々
打ち粉　適量

1 皮付きのままのジャガイモをゆでた後、皮をむいて細かく潰す。
2 小麦粉と卵、オリーブオイルを加えて混ぜ、耳たぶぐらいの硬さにする。
3 生地を細長い棒状にして細かく切る。
4 切ったニョッキをフォークの背で押しながら、打ち粉の上で一つずつ転がして成形する。
5 大きい鍋に水を入れ、沸騰したら 4 のニョッキを入れる。20 秒ぐらいで浮かんでくるのですぐに鍋から出す。お湯に長く入れたままにすると溶けてしまうので要注意。
6 お好みのソース（トマトソース、バター&チーズなど）をかけて完成。

メメ（ひいおばあちゃん）のニョッキ

代々伝わるわが家のレシピの一つに、「メメ（ひいおばあちゃん）のニョッキ」があります。メメ（mémé）はマミー（mamie）と同じく、フランス語で「おばあちゃん」という意味ですが、わが家では2001年に83歳で亡くなった私のひいおばあちゃんのことを「メメ」と呼んでいます。「庭のマミー」（239ページ参照）のお母さんで、料理と編み物そしてガーデニングがとっても上手、山の上の村でカフェを経営していた強くて優しい女性でした。私が子どものころはヴァカンスになって学校が休みに入ると、私のために山からおりてきてくれました。そして、仕事に出かけているママン（母）の代わりに2週間毎日食事を用意してくれて、一緒にゲームをしたり、手芸をしたり、おしゃべりをしてくれました。メメはお金のかからない料理が得意。今でもときどきメメが作ってくれた料理を家族で懐かしく思い出します。

特においしかったのはジャムのタルトとニョッキ。ジャガイモと小麦粉があれば作れるニョッキは秋・冬の料理で、お財布を気にせずに作れる定番の家庭料理です。正真正銘のニースの郷土料理ですが、「ニョッキはイタリア料理だ」と思っている人も多いのかもしれませんね。ニースは1860年までは現在のイタリアとフランスにまたがるサルデーニャ王国領だったので、ニース料理なのかイタリア料理なのかわからない料理が多いのです。

メメは私の父のミシェルのことが大好きで、わが家に来るたびに「ミシェルのためにニョッキを作ってあげるね」とうれしそうな顔をしながら、キッチンで料理をしていました。ニョッキを作るときのコツは、皮をむかずにジャガイモをゆでること。これだと水っぽくならないのです。そしてニョッキをゆでる際には、お湯に長く入れたままにすると溶けてしまうので、浮かんできたらすぐに鍋から出すのがポイントです。メメの特製ソースはトマトと刻んだベーコン。ニョッキは薄味なので、しょっぱいベーコンがよく合うのです。

私のママンはメメからニョッキのレシピを教えてもらい、だんだん上手に作れるようになりました。ママンがニョッキを作るたびに、今でも父は大喜び。私の夫と子どもたちも何度もおかわりするほど大好きなので、私もそろそろ作り方を覚えないといけないと思っています。

Novembre
11月

Vie quotidienne
暮らし

En solo au Japon
1人旅でリフレッシュ

1人旅でリフレッシュ

結婚して子どもを産んでから、いちばんぜいたくに感じるのは1人の時間です。生活費や物価、税金の高いフランスでは共働きをしないと生活できないので、母親になってもほとんどの女性が仕事を続けます。毎日8時間働いて、学校に子どもを迎えに行って、宿題を確認して、お風呂に入れて、夕食を作って食べさせて、寝かしつける……忙しい毎日を送っています。

とはいえ、母親としてだけでなく女性としてもかなり頑張るのがフランス流。おしゃれな洋服を着て、化粧をして、マニキュアも塗って、運動もして、パートナーと2人の大事な時間もちゃんと作ります。

現代を生きる女性は本当に忙しいからこそ、自分だけの時間を作ることがとても大事。私は仕事柄、旅をするのが大好きなので、年に1回は夫や子どもを置いて1人でどこかに行かせてもらいます。仕事や家事をやらないだけでも気分転換になりますが、精神的にも大事です。家族から離れて自分と向き合うことで、自分にとって何が大切なのかにあらためて気づくことができるからです。

私の1年分の最高のごほうびは、日本に行くことです。仕事でお世話になった人たちに会うためですが、友達に会ったり、観光も楽しんだりします。私が初めて日本を訪れたのは高校生のとき。それから25年以上、毎年のように通い続けています。特に好きなのはお寺と神社をめぐること。私はキリスト教徒ですが、神様は皆一緒だと信じてお祈りをします。2018年から御朱印も集め始めていて、神社めぐりがいちだんと楽しくなりました。

日本人の友達がたくさんいるので、滞在中は毎日のように一緒に食事をします。私はお酒を飲みませんが居酒屋とカラオケが大好き。終電までわいわい騒いで日ごろのストレスを吹き飛ばしています。日常生活では仕事があるし、子どもがいるので遅くまで出かけるなんてできません。だからこそ、日本での時間は1年間頑張ってきた自分自身への最高のごほうびなのです。

お茶の収穫を体験する、金沢のひがし茶屋街で1泊する、舞妓さんに会うなど、日本で叶えたい夢はいっぱいあります。いつかこの夢を全部叶えられるように、これからも仕事も家事も頑張ります！

Décembre
12月

Événement
行事

Les préparatifs de Noël
ノエルの準備

Menton
Menton
Menton

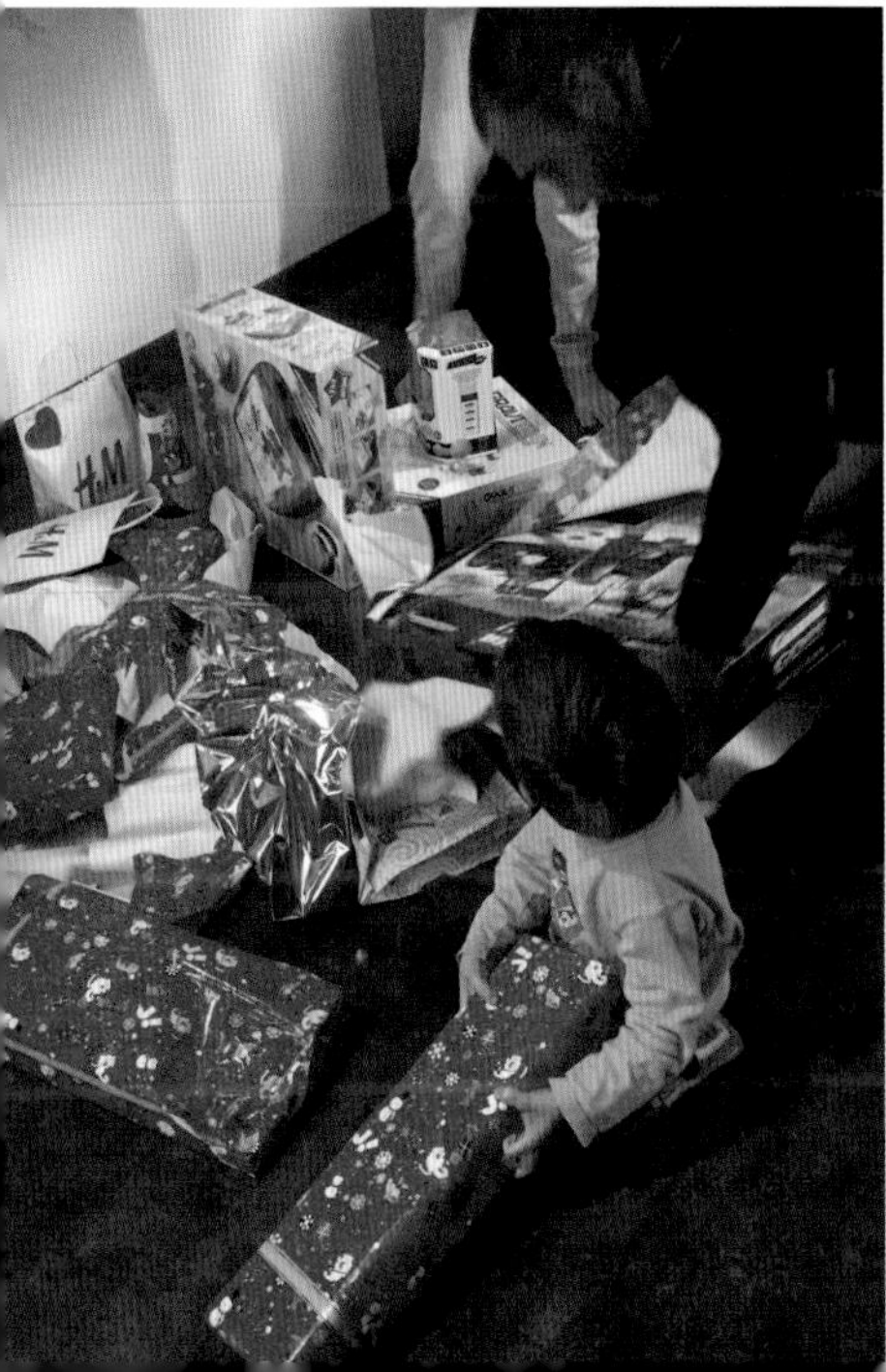
H&M

ノエルの準備

フランス人にとって、家族と過ごすイベントの中でいちばん大事なのはNoël（ノエル）でしょう。イエスの誕生を祝うキリスト教の行事ですが、無宗教や他の宗教の方にとっても、家族で集まって楽しい時間を過ごす大事な日です。12月25日は祝日で、フランス全土のお店や会社が休みます。前日の24日の朝から、すでにクリスマスモード。食事の準備や移動で忙しいので、24日の午後から早めに休む人も多いですね。

11月中旬ぐらいからクリスマスツリーやイルミネーションの飾りつけが街中で始まりますが、南フランスではノエルを迎える準備の一つとして、「le blé de la Sainte-Barbe（聖バルブの麦）」といわれる風習があります。これは12月4日の「聖バルブの日」に行うもので、3枚の小さなお皿にコットンを載せてその上に麦やレンズ豆をまき、水を与えて育てるのです。ノエルまでに緑の芽がすくすくと成長したら翌年は豊作になる、という言い伝えがあります。

ノエルの準備といえばプレゼント選びも忘れてはいけません。フランス語で「La

course aux cadeaux（プレゼント競争）」といわれるぐらい大変なので、10月からプレゼントを探し始める人もいます。子どもはもちろん、夫や妻、両親、友人、お世話になっている学校の先生や会社の同僚にもプレゼントをあげるのです。誰よりもプレゼントを楽しみにしているのは、もちろん子どもたち。11月に入って大きいおもちゃ屋さんやデパートが「おもちゃのカタログ」を出すと、子どもたちは毎日のようにそのカタログをじっくり眺めて、欲しいおもちゃをたくさん選ぶのです。だって、サンタさんはいい子にはたくさんプレゼントをくれるのですもの（笑）。

欲しいおもちゃを見つけたら、その写真を切り取って紙に貼ってリストを作ります。サンタさんへのお手紙ですね。7歳の次男はまだサンタさんを信じているので、「ポストに入れてサンタさんに郵送するね」と言って、私がそのリストを預かります。でも、実はその後でリストの内容を私の母や義母にこっそり教えてあげるのです。こうすれば子どもたちが何を欲しいのかわかりますからね。親戚や親しい子どもたちにもプレゼントを用意したらひと安心。子どもたちは毎日のようにアドベントカレンダー（12月1日から24日までの日めくりカレンダー）の窓を開けて中に入っているお菓子を食べて、ノエルの到来を楽しみに待ちます。

Décembre
12月

Vie quotidienne
暮らし

Les santons et la crèche
サントン人形とクレッシュ

サントン人形とクレッシュ

ノエルの時期に教会に行くと、クリスマスツリーと一緒に必ず飾ってあるのがサントン人形とクレッシュです。ツリーと一緒に毎年1月6日の「エピファニー（公現祭）」（194ページ参照）まで飾られていることが多いですね。

Santons（サントン）とはプロヴァンス語で「小さな聖人」という意味。7センチメートルぐらいの小さな素焼きのサントン人形は、南フランス・プロヴァンス地方発祥の伝統工芸品です。マルセイユやエクス・アン・プロヴァンス周辺にはアトリエがたくさんあるほか、コート・ダジュールにも何人かの作家さんがいて、毎年11月から1月ごろまで南仏各地でサントンフェアが開催されています。

このサントン人形を使ってイエス・キリストの誕生シーンを再現したものを、クレッシュといいます。Crèche（クレッシュ）とは動物が餌を食べる場所、つまり家畜小屋のこと。飾りつけの基本となるのは、イエス・キリストと聖母マリア、ヨセフ、3人の博士、そして牛とロバといった聖書の登場人物たちです。このほか、神父さんや市長さん、パン屋さん、魚屋さん、アルルやニースの女性や男性など、19世紀のプロヴァンス地方の伝統衣装を身に着けた一般の人々や、馬や羊、猫、ニワトリといった動物たちを模したサントン人形もたくさん飾ります。毎年少しずつ買い足しながら長い年月をかけて集めたサントン人形を、親から子、孫へと代々受け継いでいる家庭も多いですね。

私のマミー(おばあちゃん)も昔から好きな作家さんがいて、たくさんのサントン人形を集めています。子どものころは毎年12月になると、マミーの家のマントルピースの横で一緒にクレッシュを作りました。亡くなったおじいちゃんが山で拾ってくれたコケや自分で見つけた枝や葉っぱで田舎の風景を作ったり、アルミシートで川を再現したりして、時間をかけて大きなクレッシュを作っていました。

私は伝統的なサントン人形はあまり好きではなかったのですが、10年ほど前に玉砂利でできた丸くてかわいいサントン人形に出会って一瞬でひと目ぼれ。それから少しずつ集めるようになりました。毎年12月になると、夫が山から持って帰ったコケを使って、子どもたちと時間をかけて楽しくクレッシュを作ります。

Décembre
12月

Tourisme
観光

Les Marchés de Noël
クリスマスマーケット

クリスマスマーケット

家族や友達へのプレゼントに何を買おうか迷っている方、年末に南フランスを訪れたいと思っている方……そんな方々におすすめなのがクリスマスマーケットです。毎年12月上旬から1月上旬にかけて、フランス全土で大小さまざまなクリスマスマーケットが開催されています。クリスマスマーケットの何が楽しいかというと、12月の初めからノエルの雰囲気を味わえることですね。

コート・ダジュールでも、ニースやマントン、モナコ、アンティーブ、カンヌなどで比較的大きなクリスマスマーケットが開かれています。冬でも昼間は15度をこえる日が多くて暖かいコート・ダジュールでは、ヤシの木にイルミネーションを飾るのでまるで南国のようです。期間中はツリー用のオーナメントやお菓子などを売る屋台が軒を連ねますが、サントン人形（176ページ参照）の屋台もたくさん出るため、マルセイユやエクス・アン・プロヴァンスから来たサントン人形の作家さんに会うこともできます。屋台を歩いて回りながら、自分のお気に入りの人形を探してください。

Décembre 12月

ニースのクリスマスマーケットは街の中心にあるマセナ広場で開催されます。子どもたちがいちばん喜ぶのが、メリーゴーランドや観覧車といった移動遊園地。観覧車はものすごい勢いで回るのでちょっと怖いのですが、高いところから見渡すニース市街と地中海の絶景は格別。一度乗ると何周もしてくれます。

お買い物に疲れたら、ホットワインやチュロス、クレープ、綿菓子などを買ってひと休み。屋台でぜひ食べてもらいたいのが南仏名物のソッカです。ニースのソウルフードとも呼べるソッカは、ひよこ豆の粉でできた大きなガレット。外がカリッとしていて中がフワッとした具のないお好み焼きのような料理で、塩こしょうをつけて食べます。パン釜を使って強火でフワッと焼き上げないとおいしくないので、家庭では作れません。そのため地元ニースの人にとってもソッカは外で食べるもの。焼きたての熱々を食べるのがおすすめです。

機会があればニースのような大都市だけでなく、小さな村々のクリスマスマーケットにも行ってみてください。1日か2日ぐらいの短期間しか開催されていない小規模なものがほとんどですが、屋台で販売される品々は地元の人の手づくりが多くてアットホームな雰囲気です。

Décembre
12月

Événement
行事

La table de Noël
ノエルの食卓

ノエルの食卓

ノエルは家族と過ごすもの。私はパリで勉強していたときも日本に留学していたときも、年末には必ず実家に戻っていました。結婚して子どもができてからは、イヴはほとんどマミジョーと過ごしています。マミジョーは私の夫の母親、つまり義母のこと。ジョゼットという名前なので、「ジョー」の前に「マミー（おばあちゃん）」をつけて「マミジョー」と呼んでいるのです。離婚して今は自分の母親と2人で暮らしているマミジョーのアパートは狭いので、ニース市内にある叔母さん（マミジョーの妹）のマンションで一緒にイヴを祝うことが多いですね。

パーティーの始まりは午後7時。長い夜の始まりです。飲み物とアミューズ（おつまみ）を片手におしゃべりをして、ようやく午後8時半からディナーです。前菜の定番メニューは生ガキ、エビ、スモークサーモンなどで、メインは魚料理と七面鳥。デザートが来る前からおなかいっぱいですが、ブッシュ・ド・ノエルはもちろん、チョコレートやフルーツなどが次々とテーブルに並びます。そして大人も子どももおしゃべりをしながら、午前0時になってサンタさんが来てくれるのを待つのです。

こうしてイヴは夜遅くにプレゼントを抱えて帰宅し、子どもを寝かしたら、用意しておいたプレゼントをツリーの下に置いてようやく私もベッドに入ります。翌朝、子どもたちはプレゼントを見つけて大喜び。もらったばかりのおもちゃで遊びながら軽い朝食を食べた後はドレスアップをし、2世帯住宅の1階に住んでいる両親のところに行きます。義父と私の両親、マミー（おばあちゃん）と叔母（母の妹）と一緒にノエルのランチを食べるのです。わが家のノエルのランチは野菜が多め。前菜は少しぜいたくなサラダで、メインはノエルらしくないですが皆が喜ぶニョッキか魚料理です。

ノエルの食卓で忘れてはならないのがLes treize desserts（13のデザート）。皆がとても楽しみにしています。デザートといってもケーキや高級なお菓子ではなく、ドライフルーツや木の実、ヌガーやオレンジの花の風味のパンなどで、わが家では「マミーのタルト」（188ページ参照）も定番です。イヴからノエルにかけて、ずっと食卓の上に置いておいて自由に食べます。なぜ13なのかというと、これはキリストと12人の使徒つまり「キリストの最後の晩餐の人数」なんですね。13のデザートは17世紀から続くプロヴァンスの伝統で、私も子ども時代から毎年食べています。

Décembre
12月

Recette
レシピ

La tarte de mamie
マミーのタルト

Décembre 12月

《マミーのタルト》

【材料】８人分　※26cmのタルト型
小麦粉　280ｇ
無塩バター　140ｇ
砂糖　140ｇ
アーモンドパウダー　120ｇ
ココアパウダー　70ｇ
卵の黄身　２つ
シナモン　小さじ1
レモン汁とレモンの皮のすりおろし　少々
ラム酒　大さじ1　※なくても可
フランボワーズ（ラズベリー）ジャム　200ｇ

1 ジャム以外の材料を混ぜて生地を作り、1時間寝かせる
2 生地の3分の1を取っておき、残りの3分の2を伸ばす。できるだけ型に大きさを合わせて厚めの生地にする。上にジャムを載せる。
3 取っておいた残りの３分の1の生地を細長く切り、碁盤の目の模様になるようにジャムの上に載せる。
4 180℃のオーブンで45分焼いたら完成（焼きすぎてキツネ色にならないように注意すること）。

マミーのタルト

私のマミー（おばあちゃん）はデザート作りがとっても上手。家族で食事会をするときはもちろん、イースターやノエルには必ず得意なお菓子をみんなのために用意してくれます。

「デザートの作り方をどうやって習ったの？」と聞いたら、自分のお母さん（私のひいおばあちゃん＝メメ）に教えてもらったそうですが、「私らしいお菓子しか作らないわよ」と付け加えます。化粧をしたことがなくて、とてもシンプルな生活を送っているマミーは、お菓子もシンプルなものが好き。ケーキよりもタルトをよく作ります。

マミーが作るお菓子の中で大人がいちばん喜ぶのはリンツァートルテ。チョコレートとシナモンを練り込んだ生地にジャムを載せ、表面に格子状の生地を重ねて焼いたオーストリア、リンツ発祥のタルトです。

マミーは昔から料理本をたくさん読んでいて、気になるレシピを見つけたら切り取って、作ってみて気に入ったらそれをファイルにきれいに入れて、自分だけのレシ

Décembre 12月

ピ集を作り上げてきました。リンツァートルテもマミーのレシピ集の一つ。このレシピ集を見ながら定期的に作ってくれるので、「マミーのタルト」と家族が名づけたのです。もちろん、ノエルの食卓にもマミーのタルトは欠かせません。

メメも、わが家に来たときには週1回ぐらいの割合でジャムのタルトを作ってくれました。中でも大人気だったのは、庭で収穫した果物で手づくりしたジャムを使った自家製タルトです。私の子どものころはそれが日曜のランチのデザートになったり、特別な日のおやつになったりしていました。メメはチョコレートやシナモンを練り込まない普通の生地を使い、日によっていろいろな種類のジャムを加えていましたが、マミーのタルトは生地が特別です。甘いチョコレートが入っているので、苦みのあるフランボワーズジャムと合います。

わが家では父がほんの少しだけお酒を飲む以外は誰も飲まないので、マミーのタルトはエスプレッソを飲みながら食べることが多いですね。1週間ぐらいは保存できますが、家族全員にあまりにも大人気なので翌日まで残ることはありません。

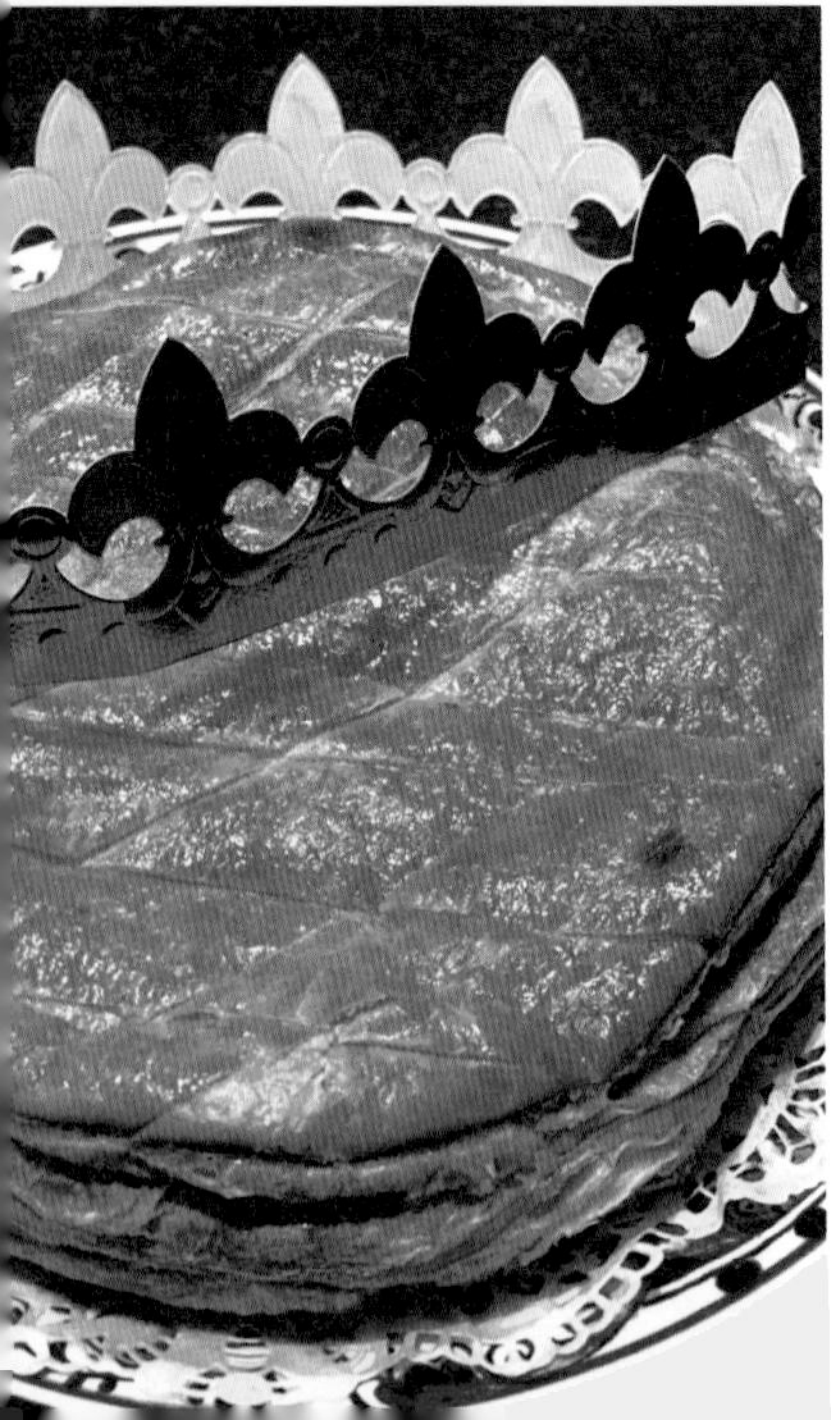

Janvier
1月

Vie quotidienne
暮らし

La brioche des Rois
ブリオッシュ・デ・ロワ

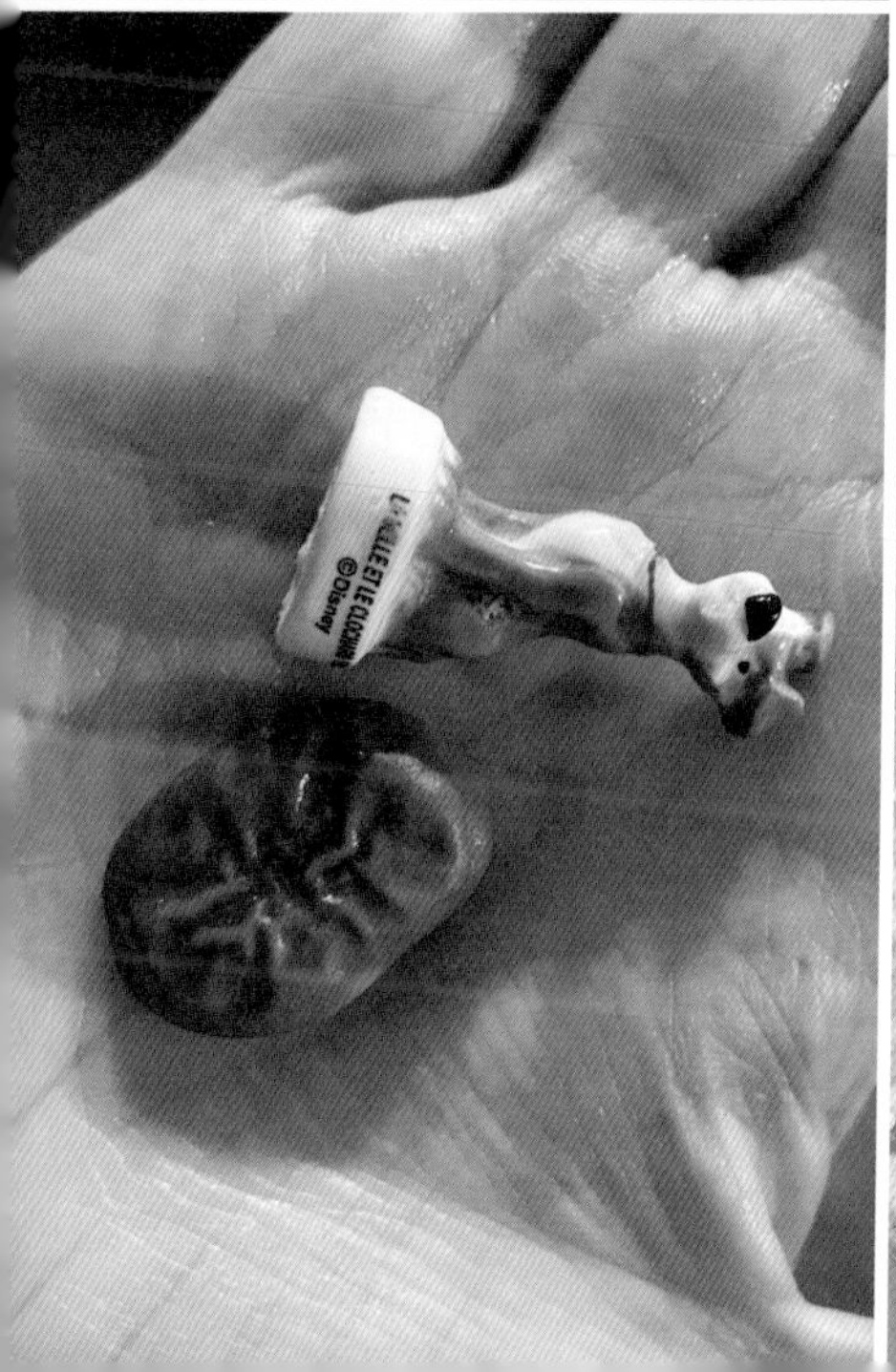
©Disney

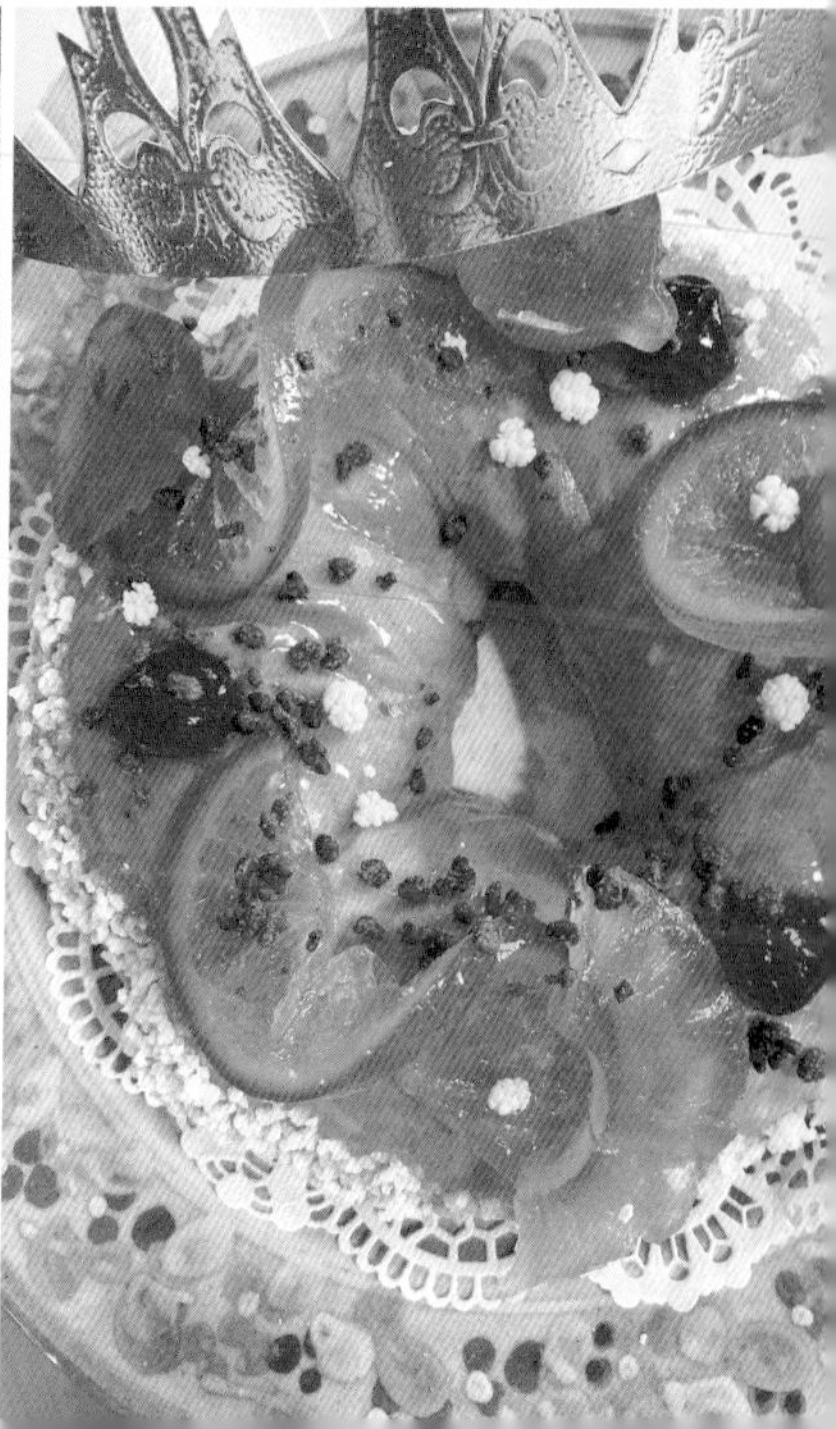

ブリオッシュ・デ・ロワ

クリスマスから12日後の1月6日は「Épiphanie（エピファニー）」、公現祭です。誕生したばかりのイエス・キリストのもとに東方の三博士が訪れて祝福をしたキリスト教の記念日ですが、フランスでは「国民の祝日」ではないため、1月の第1日曜にお祝いをしています。

そしてこの日はGalette des Rois（ガレット・デ・ロワ）を家族で食べる日。「王様のお菓子」という名前のガレット・デ・ロワは、フランジパーヌ（アーモンドクリーム）が入った丸いパイ菓子。中にはfève（フェーヴ）と呼ばれる小さな陶器製の人形が入っています。自分が食べたガレットの中にフェーヴが入っていた人は、紙製の王冠を被ってその日の王様、または王女様になるのです。これはローマ時代までさかのぼる伝統で、14世紀になって宗教的な意味合いが込められるようになりました。でも、今では無宗教の人でも新年を祝ってガレットを食べています。12月末からパン屋さんやケーキ屋さんの店頭にガレット・デ・ロワが並び始め、1月終わりぐらいまでは家族や友達と一緒に何回もこのお菓子を食べています。

「fève」とはフランス語で「ソラマメ」という意味。春になると南フランスではソラマメを生のままでよく食べます。14世紀にはガレットの中にソラマメを入れ、それが当たった人は参加者にお酒をおごる決まりがあったのですが、払いたくなくてソラマメを飲み込む人が多かったそうです。そこでソラマメの代わりに小銭を使うようになり、やがて18世紀には陶器製のフェーヴを入れるようになったのです。現在ではパン屋さんやケーキ屋さん、スーパーで販売されるガレットには、コレクションしたくなるかわいいフェーヴが入っています。そのため、好きなキャラクターのフェーヴを見つけるために毎日のようにガレットを食べるという子どもも多いですね。

ちなみにガレット・デ・ロワはフランス北部、主にパリ周辺で食べられているお菓子。私が住んでいる南フランスではオレンジの花の香りがするBrioche des Rois（ブリオッシュ・デ・ロワ）が一般的です。これは真ん中に穴が開いた丸い形の菓子パンで、上に砂糖漬けのフルーツが載っています。見た目はまるで冠のよう。年末年始に南仏に滞在する機会がありましたら、ぜひともブリオッシュ・デ・ロワを食べてください。

Janvier
1月

Tourisme
観光

L'hiver sur la Côte d'Azur
【Nice】

冬のコート・ダジュール
【ニース】

冬のコート・ダジュール【ニース】

南フランスからイタリア国境にかけての地中海沿岸に広がるコート・ダジュール。その名の由来は、1887年に作家のステファン・リエジャールが書いた本『ラ・コート・ダジュール』だといわれていて、イタリア人やイギリス人からは「フレンチ・リヴィエラ（フランスの海岸）」とも呼ばれています。ニースはこのコート・ダジュールの中心都市で、2021年には「リヴィエラの冬季保養都市」としてユネスコの無形文化遺産に登録されました。

リゾート地としてのニースの歴史は古く、18世紀から冬の保養地として栄え始めました。ロシアやイギリスの貴族や富裕層が冬の寒さを避けて、温暖なこの地を訪れるようになったのです。イギリス人の発案で1822年に作られた海岸遊歩道はその後少しずつ大きく立派になって、〝イギリス人の散歩道〟を意味するPromenade des Anglais（プロムナード・デ・ザングレ）になりました。約7キロメートルのこの海岸遊歩道は、ニースを訪れた観光客が必ず足を運ぶ観光名所になっています。

時の流れとともに〝夏のリゾート地〟として脚光を浴びるようになったため、現在、ニースの観光シーズンは4月から10月まで。冬はオフシーズンになります。ヴァカンス客が押し寄せて大混雑する夏が終わった後は、地元の人だけの時間。ようやくのんびりと素顔のコート・ダジュールを満喫できるのです。

一年を通して温暖な地中海性気候のため、冬でも暖かくて強い日差しを浴びながらテラスでランチを食べられるのがニースっ子の自慢。観光客の皆さんにとっても、オフシーズンは航空券代も宿泊代も安くなるのでお得。レストランの値段は変わりませんが、それほど混雑していないのでお店の従業員とのおしゃべりも楽しめます。

そして、冬のコート・ダジュールといえば寒中水泳！　とても有名で、毎年フランスのテレビニュースでも紹介されています。冬の朝にビーチへ散歩に行くと、海水浴をしている年配の人をよく見かけます。

朝の気温は8度ぐらいですが、水温は約14度あるので水の中にいたほうが温かいのです。残念ながらダイエット効果はないらしいですが、ビーチで仲間と集まっておしゃべりをしながら水着に着替えて、健康のために毎日10分ぐらい地中海で泳ぐ。これこそがフランス人の理想の定年後の生活です。

Janvier
1月

Tourisme
観光

Une journée au ski
日帰りでスキー

日帰りでスキー

ニース周辺の県名はAlpes-Maritimes（アルプ・マリティーヌ）、日本語で「海辺のアルプス」です。カンヌからマントンまでの海岸線が有名ですが、その名のとおり北の方角には大きい山々もあります。最も標高の高い山は3143メートル。ヨーロッパでいちばん高い峠もあり、14カ所ものスキー場があります。夏は地中海で海水浴、冬はアルプスでスキーができるのが、ニース人の自慢です。

冬、ニース空港に着陸してすぐに見えるのが雪化粧をした山々。空港からバスに乗って75分、片道1・5ユーロで、ヴァルベルグやオーロンのスキー場に行けます。近いので日帰りでも行けるのがいいですね。

どちらも標高約1700メートル、ゲレンデの全長は100キロメートルぐらい。初心者やファミリーが楽しめるアットホームなスキー場です。ニースからバスで2時間かかりますが、もう少しスキーが上手な方には標高2600メートルの場所にあるイゾラスキー場も人気です。このほか、香水の都グラースの近くにもスキー場があり

Janvier 1月

ますし、モナコからはイタリアのスキー場にも気軽に行けます。

ニース周辺の子どもたちは恵まれていて、毎年1月と2月の毎週水曜は「スキーの水曜日」。フランスの小学校は土、日曜に加えて水曜も休みのため、学校が休みの水曜には、クラブに入っていなくても野外活動でスキーレッスンに参加できます。朝9時にバスに乗り、スキー場近くのレストランでランチを食べて、午後はスキーレッスン。私が住んでいる村では1回35ユーロで参加できます。毎年参加するとかなりレベルアップできて資格も取れるので、子どもを参加させる親はたくさんいます。

私たち家族は「スキー場に行く道路」の途中に住んでいるので、いちばん近いヴァルベルグまでは車でたったの40分。毎年初雪が降ると、スキー場がまだ営業していなくてもリュージュ（そり）を持ってすぐに遊びに行きます。私は雪より海が好きで寒いのは苦手ですが、子どもたちの喜ぶ顔を見るためだけに頑張って一緒に行きます。冬の間はときどき、スキー場近くに友達や親戚が持っている小さなコテージやアパートを借りて1週間ぐらい滞在します。滞在中は子どもたちをスキー学校に行かせるので、あっという間に上手になります。

Janvier
1月

Vie quotidienne
暮らし

L'huile d'olive de François
フランソワのオリーブオイル

Citron

フランソワのオリーブオイル

フランスのキッチンに欠かせないものの一つがオリーブオイルです。「料理に使うのはオリーブオイルだけ」という家庭も珍しくありません。イタリア産やスペイン産は手ごろな値段なのですが、やっぱりいちばんおいしいのは南フランス産！　同じ南仏産でもいろいろな種類がありますが、ニースのオリーブはすぐにわかります。Cailletier（カユティエ）という名前の小粒の黒いオリーブで、アーティチョークに近い味がします。ニース産のオリーブオイルを手に入れたいなら、ニース旧市街にある老舗オリーブショップ「ALZIARI」に行ってみてください。私のおすすめはスプレータイプ。小さくて軽いのでお土産にもぴったりです。

観光がメインの収入になる前、気候のいいコート・ダジュールではブドウとオリーブの栽培が特に盛んでした。都市化が進むにつれて減ってはきましたが、１９４０年にオリーブの木を切ることが法律で禁止されたため、樹齢１０００年以上の古い木がいくつも残っています。オリーブの収穫は11月から3月まで。じっくり待つほど熟成して黒くなり、オイルがたくさん取れるようになります。

父の幼なじみのフランソワは、彼のお父さんが100年前に植えた120本の木に実ったたくさんのオリーブを毎年収穫し、一部は塩漬けに、残りをオイルにして大事な友達にその貴重な1本をプレゼントするのを自慢にしています。私が住んでいる村の近くに、1900年ごろに建てられた昔ながらのムーラン（搾油工房）があって、フランソワは毎年そこに収穫したオリーブを持っていってオイルにしています。私はそのムーランに行ってみたいとずっと思っていましたが、去年初めてフランソワが「一緒に行こう」と誘ってくれました。

ムーランの前で待ち合わせをしたのは朝8時。オリーブの丸い実を大きな石で押し潰し、ペースト状にしてから重い機械でプレスし、やっと6時間後に美しいグリーンのオイルが出始めました。フランソワは待ちきれず、指先で1滴すくって味を確認して大満足の表情。「よし！ 今年もおいしいオイルができた。子どもたちにも食べさせてごらん」と私にも1本プレゼントしてくれました。

さすがにまだ幼い子どもには濃い味でしたが、搾りたてのオリーブオイルを生まれて初めて味わった私は、そのおいしさにびっくり。今でも忘れられない味です。

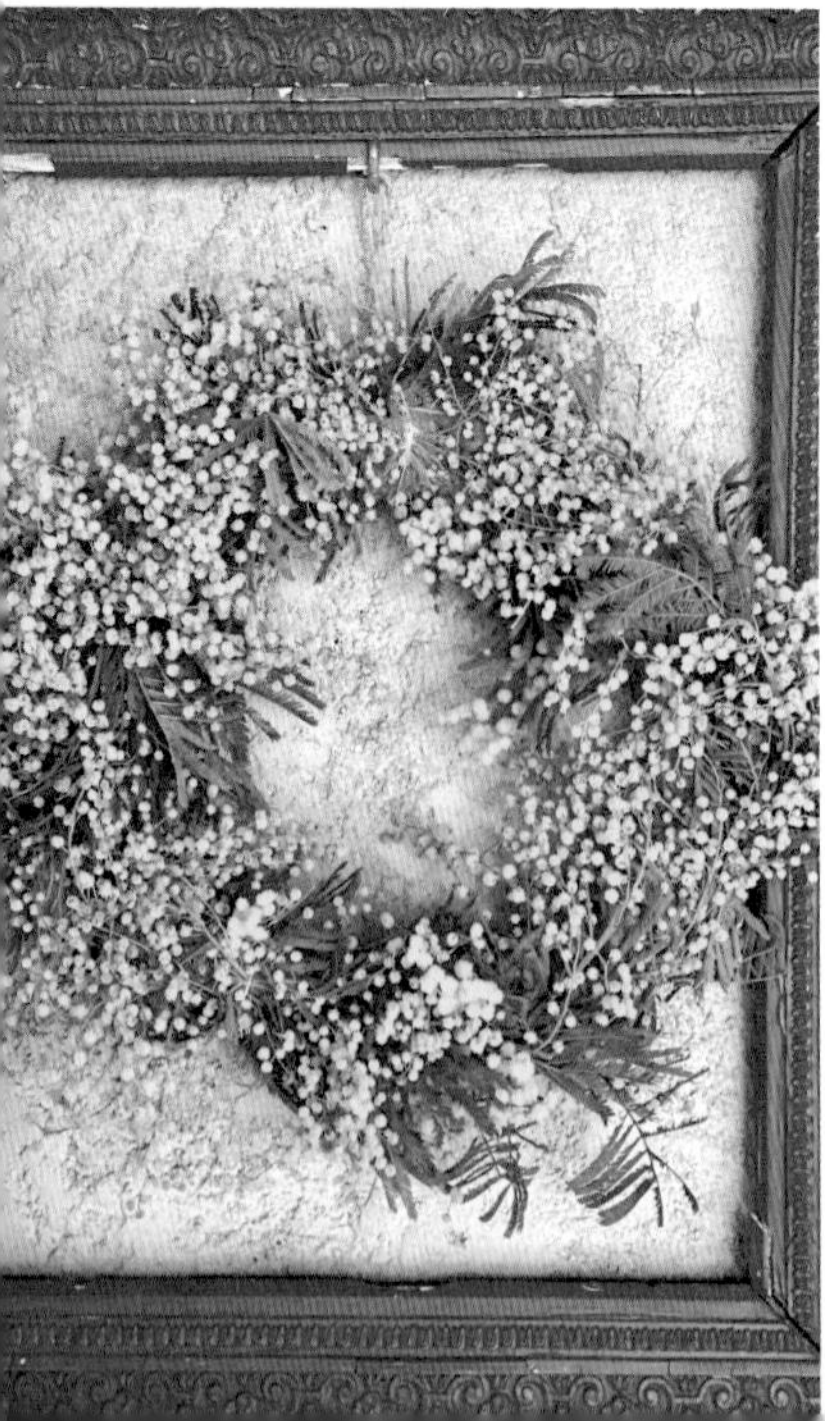

Janvier
1月

Tourisme
観光

Le Mimosa
【Tanneron】

春を呼ぶミモザ
【タヌロン】

Le Coq Blanc

春を呼ぶミモザ【タヌロン】

ミモザの花が咲くと春はすぐそこです。ミモザはマメ科アカシア属の総称で、シルバーリーフと呼ばれる金色がかったグリーンの葉が特徴的な半落葉の木。樹高は8メートル以下でそれほど大きくありませんが、黄色の房状の花が咲くと冬の真っ青な空と美しいコントラストを見せてくれます。19世紀の初めにオーストラリアからイギリス人によってフランスへと輸入され、やがてカンヌ周辺のマンドリュー・ラ・ナプールやペゴマ、タヌロンで栽培されるようになりました。

1月中旬から3月にかけてコート・ダジュールを訪問すると、黄色いミモザの花がたくさん見られます。ミモザのトンネルを走りたいなら、「ミモザ街道」がおすすめ。「ミモザ村」とも呼ばれるボルム・レ・ミモザからタヌロン経由でグラースまで続く、130キロメートルの道です。タヌロン周辺には現在、ヨーロッパで最も広大なミモザ林が広がっていて、全部で120種類ものミモザが植えられています。ミモザ街道をドライブすれば、黄色の花が永遠に続く夢のような風景を楽しめるでしょう。

タヌロンではミモザの生産者も訪ねてください。4世代にわたってミモザを栽培してきたベルナールさんのお店では、ミモザの苗やブーケ、ミモザ柄の雑貨などを買うことができます。彼は、ミモザの種類や咲かせ方についていつも丁寧に教えてくれます。

フランス人はふわふわのポンポンになっている満開状態のミモザが好きなので、切り花として販売しているのはつぼみの状態。家に帰ってぬるま湯を入れた花瓶にミモザを入れ、つぼみの部分に包装紙のセロハンを被せておくと少しずつ満開になります。室温が高いのは苦手なので夜間は外へ。そうすることで長い間楽しめます。ブーケはきれいですがすぐに枯れてしまうので、フローラル、パウダリー、蜂蜜っぽい花の香りを楽しむには木を植えるのがいちばんです。

私が子どものとき、庭のミモザが冬の寒さで枯れてしまったことがありました。それを見つけた私は、悲しくてたくさん泣いたことを今でも覚えています。それ以来、私の家にはミモザがなかったので、ベルナールさんのところを訪れたときに小さな苗を買って庭に植えました。来年たくさんの黄色の花を咲かせてくれることを願っています。

Février
2月

Événement
行事

La Chandeleur
クレープの日

ANGELINA
6€50
Sucre, chantilly, vanille,

PHILIPPINE
7€50

クレープの日

ノエルから40日後の2月2日は「Chandeleur（シャンドルール）」。聖母マリアが出産後の清めの儀式を受けるために、イエス・キリストとともにエルサレムの神殿を訪れた出来事を祝うキリスト教の祝日です。フランス語で「ろうそく」を意味する「chandelle（シャンデル）」という言葉が由来となっていて、日本語では「聖燭祭」と言います。フランスでシャンドルールといえば「クレープの日」。この日は家族や友人同士で集まってクレープを食べる習慣があります。2月が近づいてくるとスーパーにはフライパンや小麦粉、ジャムやチョコレートのペーストなどがずらりと並び、それらを見るだけでクレープが食べたくなってしまいます。

でも、なぜ2月2日がクレープの日なのでしょうか？　丸くて金色のクレープが太陽の形に似ていることから、「長い冬が終わって春が訪れることを祝うため」「その年の豊作を願うため」などさまざまな説がありますが、実際にその理由がわかる人は少ないと思います。作り方に関してもたくさんの言い伝えがあります。私が小さいとき、

Février 2月

わが家ではキッチンの食器棚の上に焼き上がったばかりのクレープを放り投げる習慣がありました。「クレープがちゃんと食器棚の上に届けば一年中お金に困らない」という言い伝えがあったからです。お金に困らなかったのかどうかは覚えていませんが、翌年、食器棚の上を見たらクレープはなくなっていました。きっと飼い猫が食べてしまったのでしょうね。

とにかく、クレープの日は家族や友達同士で集まっておいしいものを食べる日。2枚、3枚と食べる人が多いのでかなりの量を用意しないといけません。家で食べるときは牛乳1リットル分を作るので、1時間かけて20枚ぐらいを焼きます。まだ熱いままお皿に載せて、お好みでヌテラ（ヘーゼルナッツペーストをベースにしたチョコレート風味のペースト）や砂糖、ジャム、蜂蜜などを塗って食べます。クレープを折り畳む派と巻く派に分かれますが、どちらにしてもクレープは手で食べるものです。

大人も子どももクレープが大好き。お金をあまりかけずに簡単に作れるので、クレープの日以外にもときどきサプライズでクレープを焼いてあげます。1時間かけて作ったクレープは子どもたちと夫に一瞬で食べられてしまいますが、3人の喜ぶ顔は最高のごほうびです。

Février
2月

Événement
行事

La Saint-Valentin
バレンタインデーは愛を祝う日

MAISON
AUER
NICE
DE PÈRE EN FILS
DEPUIS 1820.

COPENHAGEN
COFFEE LAB
COPENHAGEN
COFFEE LAB

Hôtel
Chalet Suisse

バレンタインデーは愛を祝う日

2月14日は「La Saint-Valentin（バレンタイン）」。恋人たちが愛を祝う日です。もともとは宗教的な行事でしたが、14世紀以降になると恋人たちが愛の言葉やプレゼントを交換する習慣が生まれ、20世紀からは「恋人たちの日」になりました。この日は夫婦や恋人同士でロマンチックな時間を過ごし、プレゼントを交換して愛を祝います。

男性から女性へは、愛を象徴する赤いバラの花束を贈ることが多いですね。そのため毎年2月14日の夜は、ブーケを持って家に帰る男性の姿をたくさん見かけます。花のほかには香水やジュエリー、バッグや下着が女性へのプレゼントの定番です。女性から男性へは香水や洋服、ジュエリーを贈ることが多いですね。

バレンタインの夜は外食をするカップルが多いので、レストランでは身も心も温まるジンジャーやチョコレートを使った特別メニューが登場します。もちろんシャンパンも定番です。バレンタインのディナーは予約をしないといいお店では席が取れません。子どものいるカップルはおじいちゃん、おばあちゃんやベビーシッターに子どもを預けて、２人だけで外食します。

でも、すべてのカップルがロマンチックな一日を過ごすわけではありません。フランスは「アムール（愛）の国」として知られていますが、愛情が冷めたカップルや、あまりロマンチックではない高齢の夫婦にとっては「普通の日」。プレゼントの花も交換しません。実は私の両親はそうなんです……。父はバレンタインの日を忘れてしまったようで、母はちょっと寂しそう。若いころのように花束ぐらいはもらいたいと、きっと思っていることでしょう。

私は夫と付き合ってそろそろ20年になりますが、もちろんバレンタインは２人きりでお祝いをします。最近は、高価な品物よりも２人だけの時間が最良のプレゼント。夫は必ず赤いバラの入った大きなブーケを私にプレゼントしてくれます。バレンタインの夜はよく外食していましたが、レストランが混みすぎて長く待たされたり、高価なコースなのにおいしくなかったり、がっかりしたことも多いので、最近はこの日を避けて外食することが多いですね。

「決まった日に愛を祝うなんて意味がないよ」と毎年のように夫は私に言います。だって、愛は一年中祝うものですものね！

Février
2月

Tourisme
観光

Le Musée Renoir
【Cagnes sur Mer】

ルノワールの面影残る美術館
【カーニュ・シュール・メール】

ルノワールの面影残る美術館【カーニュ・シュール・メール】

カーニュ・シュール・メールをガイドブックやインターネットで調べると、すぐに出てくるのがルノワール美術館です。印象派の巨匠ピエール・オーギュスト・ルノワールの自邸とアトリエを改装した美術館で、ニースから電車で15分のカーニュの駅からバスで約20分の場所にあります。

ルノワールは1907年から亡くなる1919年までの毎年の冬を、カーニュのコレット地区にあるこの場所で過ごしていました。60代になってリウマチがひどくなり、冬は暖かいところで過ごすように医者に勧められたそうです。広い庭や樹齢300年のオリーブの木が気に入った彼は、夏はパリ郊外にあるエソワで過ごし、冬は明るくて暖かいカーニュでたくさんの絵を描いたのです。

ですから、ここを訪れるなら冬がおすすめ。ルノワールが愛した景色をそのまま見ることができるからです。現在、美術館には彼の作品は11点しか展示されていませんが、実際に使用した上着や杖、家族で楽しんだ部屋がきれいに残されています。

広い庭から見たカーニュの旧市街をルノワールはよく描いていますが、実はコレット地区にある自邸を買う前、高台にある旧市街が気に入ってしばらく住んでいたことがあります。当時は「コート・ダジュールのモンマルトル」と呼ばれていて、画家のアメデオ・モディリアーニやレオナール・フジタもよく訪れていたそうです。カーニュといえば海沿いの地区や麓にある新市街が知られていますが、「オー・ド・カーニュ」「カーニュの上」と呼ばれる旧市街まで行く人は意外と少ないため、穴場の観光地といえるでしょう。私も数年間カーニュに住んだことがありますが、旧市街には行ったことがありませんでした。

初めて訪れたのは、お城が大好きな次男のおかげ。カーニュ在住の義母に旧市街にあるグリマルディ城に連れていってもらい、とても気に入った次男が「もう一度行こうよ」と言い出したのがきっかけです。とはいえ旧市街への道はとても狭くて、人生で見た中でいちばん急な坂。車で行くよりも新市街からシャトルバスに乗るのがおすすめです。14世紀に建てられたお城はオリーブの木の博物館になっていて、臨時展示会もよく開催されています。180度の見晴らしのおかげで開放感があって、ルノワールが住みたくなった気持ちがよくわかります。

Février
2月

Tourisme
観光

Le Carnaval
【Nice】

春を祝うカーニバル
【ニース】

春を祝うカーニバル【ニース】

冬のオフシーズンの間、ニースが最もにぎわうのがカーニバルの時期です。毎年2月中旬から2週間、会場となるマセナ広場とプロムナード・デ・ザングレでは昼も夜も華やかなパレードを楽しめます。

カーニバルの見どころは3つ。1つ目は、18台のカラフルで巨大なフロート（山車《だし》）による「仮装パレード」です。フロートのテーマは毎年変わり、約6カ月間かけて作られます。2022年のテーマは〝動物の王様〟だったので、面白くてカラフルな動物たちがにぎやかにパレードしました。でも実は、ニースのカーニバルはかなり皮肉屋さんの面もあります。2022年は大統領選挙が開催される前だったので、立候補者たちをモチーフにした奇抜なキャラクターも登場していました。

2つ目の見どころは、「イルミネーションパレード」。ネオンに照らされたパレードはとても幻想的ですが、夜はさすがに足元が冷えるので、使い捨てカイロをお忘れなく。そして3つ目は「花合戦」です。花合戦はとても芸術的。1台あたり約3000

本もの美しい花々で飾りつけられたフロートに乗った〝カーニバルの女王〟が、パレードの後に観客に向かってミモザやガーベラ、アイリスなどの花々を投げていくのです。カーニバルの縁起物をもらおうと、観客の間で取り合いの花合戦が行われるのがクライマックス。花合戦の後、観客たちは花を抱えてうれしそうに帰っていきます。

地元の人にとっても、カーニバルは南フランスに春の訪れを告げる大事なイベント。とはいえ最近はセキュリティーが厳しくなり、カーニバルを見るにはチケットが必要です。そのチケット代もかなり高くなってしまい、みんな文句を言っています。指定席は25ユーロぐらいとちょっと値段が高めだし、ずっと座って見ていると退屈してしまう人も多いため、立ち見席がおすすめです。これなら10ユーロ以下で、場所を変えながら見られるので飽きることがありません。ちなみに、仮装をして行けば立見席にはなんと無料で入れてもらえます！

フランスだけでなく世界各地から毎年100万人も観光客が訪れるカーニバルは、ニースならではの冬の楽しみ。ホテルや観光業界にとっても、オフシーズンを乗り越えるためのとても大切なイベントです。

Février
2月

Tourisme
観光

La Fête du Citron
【Menton】

レモン祭り
【マントン】

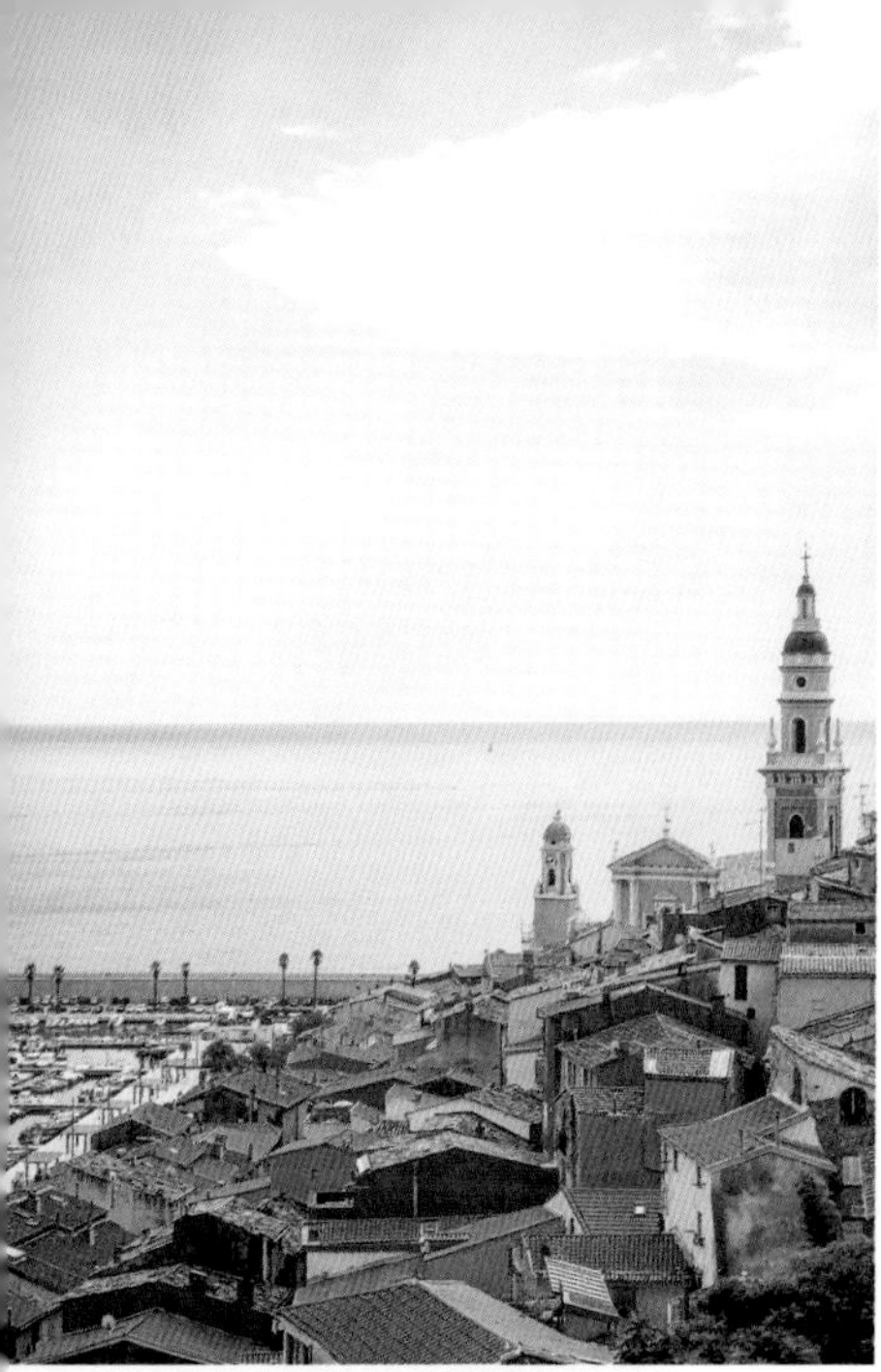

レモン祭り【マントン】

コート・ダジュールの最も東に位置するマントンは、ニースから電車で30分、バスで約1時間。イタリアとの国境ぎりぎりの場所にあるため、町を歩いているとフランス語だけでなくイタリア語もよく耳にします。詩人、小説家、画家、映画監督など多彩な才能を発揮したジャン・コクトーはマントンを愛し、この地に滞在して多くの作品を描きました。そのため彼に由来する美術館が2カ所あるほか、町の中心にある市庁舎には彼が手がけた巨大な壁画に彩られた「婚礼の間」もあり、コクトーのファンには見逃せない町です。

そしてもう一つ、温暖な気候のマントンならではの名物として知られているのがレモンです。14世紀からミカン、オレンジ、レモンといった柑橘《かんきつ》類の栽培が始まり、ピークの19世紀には世界中にレモンを輸出していました。しかし、その後は農家が減ったり天候不順が続いたりして、レモンの生産はほとんど消えてしまいます。再びレモンの生産に力を入れるようになったのは1990年代になってから。2015年にはIGP

（Indication Géographique Protégée／地理的表示保護）も獲得しています。太陽をたっぷり浴びた実は、皮ごと食べられるぐらい酸っぱくなくて香りも特別。フランス中の有名シェフに認められていて、高級品になっています。

レモンゆかりのマントンで、毎年2月中旬から3月上旬にかけて開催されるのが「レモン祭り（La Fête du Citron）」です。町の中心にあるビオヴェス公園にはレモンやオレンジで作られた巨大なオブジェが展示され、入場料約12ユーロで楽しめます。期間中はパレードも実施されるほか、柑橘類を使ったジュースやジャムなどの屋台も出て、町中が黄色とオレンジのビタミンカラーに染まります。

お祭りには毎年約80トンものレモンとオレンジが使われていますが、実はこれらはマントン産ではありません。マントンで生産される柑橘類だけではとても量が足りないし、高級品なので飾るのはもったいないですからね（笑）。祭りの飾り用に使うのは輸入品。祭りが終わった後には地元の人に安く販売されています。レモン祭りと同じ時期、ニースではカーニバルが開催されていますので、同じ日に両方のお祭りを訪れることも可能です。

Mars
3月

Tourisme
観光

Le village des Violettes
【Tourrettes sur Loup】

スミレの村とスミレ祭り
【トゥーレット・シュール・ルー】

44

PEINT à LA
MAIN

スミレの村とスミレ祭り【トゥーレット・シュール・ルー】

「スミレの村」と呼ばれて地元の人たちに親しまれているのが、香水の都グラース（036ページ参照）近郊にあるトゥーレット・シュール・ルーです。ニースから車で50分ぐらいの場所にあるこの村では、茎が長くて花が大きい「ヴィクトリア」という品種のスミレを1880年からずっと育ててきました。ベビーパウダーのようなとても上品な香りの花はブーケとして売られるほかに、キャンディーや砂糖漬けといったお菓子の原料としても使われています。砂糖漬けにする場合は花だけを摘み、軽く洗ってからシロップと砂糖と混ぜて数日間そのまま常温で乾燥させます。砂糖漬けにすることでケーキの飾りにしたり、シャンパンに入れたりして、スミレを一年中楽しむことができるのです。香水の原料として花びらを使うことはありません。グリーンの香りを再現するために利用されるのが葉っぱです。3月に花を全部摘んだ後、5月と7月の間に葉っぱも全部収穫するのです。

スミレで有名になったトゥーレット・シュール・ルーは、とてもかわいらしい小さな村。10月末から3月半ばまでは、村のマルシェや花屋さんで紫色のブーケをよく見かけます。このブーケは1つ5ユーロぐらい。お手ごろなので気軽に買えます。村を散策すると、石畳やポストにスミレのステッカーが貼られていたり、お店ではスミレのせっけんや紅茶、スミレ模様の手づくり食器、ジェラートなどが売られていたり、スミレをモチーフにしたものをたくさん見つけることができます。

とはいえ村の中にスミレの畑はありません。生産者の畑はすべて郊外にあるため、花を見たい人は２０１０年にオープンしたスミレの博物館を訪問してください。スミレの歴史や種類を紹介しているだけでなく、11月から3月上旬まではビニールハウスで育てられている花を見学できます。

毎年2月末から3月初めの週末に開催されているスミレ祭りは、スミレの収穫の終わりを祝うお祭り。１９５２年に初めて開催されました。スミレの生産者を応援するために村が大量のブーケや花を用意して、村の中とパレードに使う花車を飾りつけるので、まるで紫色のパラダイスです。期間中は地元の人たちが伝統的な衣装を着て音楽を奏でたり、踊ったり、スミレグッズを販売するマルシェが開催されたり、大いに盛り上がります。

Mars
3月

Événement
行事

La fête des Grands-Mères
おばあちゃんの日

Germondi

A GAZETTE

gros bisous
mamie

おばあちゃんの日

フランスには母の日や父の日だけでなく、孫たちがおばあちゃんをお祝いする日があることを知っていますか？　毎年3月の第1日曜が「La fête des Grands-Méres（おばあちゃんの日）」。この日は家族みんなで集まって食事をし、孫たちはおばあちゃんにプレゼントを贈ります。１９８７年に「Grand'Mère（おばあちゃん）」という名前のコーヒーメーカーが宣伝キャンペーンのために作ったのが始まりですが、今ではカレンダーにもちゃんと載っているほど定着しています。

コーヒーメーカーからすれば、おばあちゃんにはコーヒーを贈ってもらいたいのかもしれませんが、今どきのプレゼントはコーヒーよりも花。おばあちゃんの日が近づくと花屋さんはたくさんのブーケを用意するだけでなく、旬のスイセンの鉢植えもいっぱい販売します。私も、自分と夫と子どもたちのおばあちゃん４人分の花を毎年のように爆買いしています。

１９３５年生まれのマミー（私のおばあちゃん）は18歳のときに大好きな男性と結

婚して、子育てと料理と庭の手入れをしながら幸せな生活を送っていました。犬、猫、ニワトリ、ガチョウやアヒルもいるシンプルな田舎暮らしです。残念ながら54歳の若さで未亡人になり、その後は再婚をしないで娘たちと家族に囲まれて生きてきました。ガーデニングとマリオという名前の犬が生きがいで、クロスワードパズル、読書、編み物も大好き。私の子どもたちからは「庭のマミー」と呼ばれています。2世帯住宅のわが家とマミーの家は同じ敷地内にあるので、私は子どものころからずっとマミーのそばにいました。毎日、学校帰りにマミーのところでおやつを食べていましたし、5歳のときに両親とけんかをし、小さなスーツケースに荷物を入れてマミーの家に避難したことも覚えています。

私の子どもにとってもマミーは大事な存在で、共通の趣味はサッカーです。実はマミーはサッカーも大好き。18歳のときから、地元チームの試合を休まず全部見に行っているんですよ。昔は夫婦で、夫が亡くなってからは娘(私の母の妹)と、そして昨年からはひ孫たちと一緒に月2回のペースで観戦しています。7歳と13歳の男の子がひいおばあちゃんとサッカースタジアムに行くなんて珍しいですが、マミーにとっても子どもたちにとっても最高に幸せな時間です。

Mars
3月

Recette
レシピ

La pissaladière de Maman
おふくろの味、ピサラディエール

《ピサラディエール》

【材料】6～8人分　※28cmの丸型でもいいし、どんな形でも可

生地

- 小麦粉　500g
- 水　250ml
- イースト　10g
- 塩　少々
- オリーブオイル　大さじ2

タマネギ　大5個

オリーブオイル、塩、タイム　適量

アンチョビ　人数分（6～8枚）

黒いオリーブ（種付き）　8粒

1 小麦粉と水、イーストを混ぜ、そこに塩とオリーブオイルを加える。生地が練り上がったら丸くして、1時間半寝かす。

2 寝かし終わった生地は伸ばして、フォークでたくさんの穴を開ける。

3 タマネギはスライスしてオリーブオイルを入れた鍋に入れ、塩とタイムを加え、蓋をして弱火で煮込む（炒めてはいけません！）。

4 タマネギが透明になったら火を止めて水気を取る。生地にタマネギを載せて、アンチョビと黒いオリーブを加えて、オーブンに入れる。

5 180℃で30分ぐらい焼いたら完成。

おふくろの味、ピサラディエール

ニース料理の中で一年中楽しめて日本でも簡単に作れるのは、「ピサラディエール」でしょう。名前は似ていますがピザではありません。簡単に言うと、「アンチョビと黒いオリーブが載っているタマネギのタルト」です。おそらく19世紀にイタリアのジェノバから伝わったレシピを南仏風にしたもので、「ピサラ」とは「塩漬けの魚」、つまりアンチョビペーストのこと。当時はPissalat à la niçoise（ニース風のピサラ）と呼ばれ、魚のペーストをピザ生地に塗って焼いたそうです。

１９３８年の辞書に「Pissaladière（ピサラディエール）」という言葉が載っていることから、このころにはすでにこの料理が誕生していることがわかります。現代のレシピではピサラは使わず、厚めのピザ生地にオリーブオイルで煮込んだタマネギとアンチョビ、そして黒オリーブを載せて焼きます。

自分で作ったり、パン屋さんやマルシェで買ったり。ニースをはじめとする南フランスのレストランでは定番メニューになっていることが多く、アペリティフ（食事前のおつまみ）や前菜としてよく食べます。サクサクのパン生地と甘みのあるタマネギがとても合うんです。ピサラディエールは南フランスの人にとっては、おふくろの味。日本人の皆さんの口にもよく合うカジュアルな料理です。アンチョビが苦手な人はお好みで枚数を調整してください。パン屋さんでも「アンチョビ付きでよろしいですか？」とよく聞かれます。

ちなみにイタリアとの国境に位置するマントン（228ページ参照）には、ピサラディエールのバリエーションともいえる「ピシャード」という郷土料理があります。違いは、タマネギを煮るときにトマトソースを加えることと、アンチョビを載せないこと。トマトソースを加えるだけでまろやかになって、タマネギの香りが優しくなります。

タマネギが少し苦手な私は、ピサラディエールよりもピシャードのほうが好きかもしれません。

Mars
3月

Tourisme
観光

La douceur de vivre
【Valbonne】

暮らしたくなる小さな村
【ヴァルボンヌ】

ARCADES RESTAURANT

暮らしたくなる小さな村【ヴァルボンヌ】

コート・ダジュールには小さな村がたくさんあるので、「どこがおすすめですか？」とお客さまからよく質問されます。その方の好みやこだわりを聞いてお答えしていますが、「かわいくて生活感たっぷりの村で、地元の人の暮らしを味わいたい」と言われたら、迷わずヴァルボンヌをおすすめします。

ニースから車で約50分、ビオット（148ページ参照）のすぐ近くにあるこの村は、日本語のガイドブックはもちろん、フランス語のガイドブックにもほとんど載っていない穴場。ローマ時代の街づくり計画に基づいて作られた碁盤目状のかわいらしい町並みで、お買い物をしながらでも1時間もあれば歩き回れるぐらいの小さな村です。

アンティーブ（248ページ参照）やビオット、ムージャン（124ページ参照）と同じように「ソフィア・アンティポリス」という研究都市の一角に含まれているため、周辺には多国籍のエンジニアが多く住んでいて、バイリンガルスクールもあります。村を歩いているとフランス語に交じって英語も耳に飛び込んでくるような周辺環境に影響されてか、村には洗練されたインテリアショップや雑貨店がいくつもあります。

暮らすようにのんびりと散策を楽しんでほしいので、ヴァルボンヌを訪れたら、村の入り口にある八百屋さんや総菜屋さんにも寄ってみてください。フルーツや野菜、ローストチキンやワインなど、どれもおいしそうで思わず買いたくなります。大きな階段をおりて旧市街を進むと、すてきな広場に到着します。アーケードに囲まれた広場にはカフェのテラスがずらりと並んでいて、ランチの時間には大にぎわい。午前中でしたら、おしゃべりをしながらゆっくりとコーヒーを飲んでいる地元の人がたくさんいるので、彼らと一緒にちょっと一服するのもいいでしょう。

私がこの村で特に楽しみにしているのが、村を歩きながら家々の窓やドアを眺めることです。フランスでは雨戸や屋根の色に関するルールが厳しくて選択肢があまりないため、窓辺や玄関先を思い思いに飾って自分好みの空間を演出する人が多いのですが、ヴァルボンヌは特におしゃれですてきなのです。

同じような建物でも、花を飾ったりライトをつけたり、家具を置いたりすることで、自分だけの場所にしてしまう……。そんなところにも、個性を重んじるフランスらしさを感じます。

Mars
3月

Tourisme
観光

Au marché !
【Antibes】

楽しいマルシェめぐり
【アンティーブ】

Mélange Mexicain
50grs 5€
Spécial Rouille
A.L.M.H.
Soupe de poisson
50 grs 5€ 100grs 9€
Paprika
50grs 5€

Coca-Cola

楽しいマルシェめぐり【アンティーブ】

コート・ダジュールを訪れる観光客の楽しみの一つが、マルシェめぐり。観光時間が限られている場合は、ニースの旧市街にあるサレヤ広場に行くのがいいでしょう。野菜や果物などの日用品のほか、せっけんやラベンダーのサシェ（香り袋）、プロヴァンスの陶器など、観光客に人気のお土産品を売る店がたくさん並んでいるからです。

とはいえ、私たち地元の人間からするとサレヤ広場はやっぱり観光客向け。売られている野菜の値段が少し高めだからです。それでも南フランスや北イタリアの花を扱っているすてきな花屋さんがいくつかあるので、私もときどきは花を買います。でも正直に言って、この広場で野菜を買うニースっ子はあまりいないでしょう。普段の買い物にはニース中心部から少し北にあるリベラシオン地区に行くことが多いですね。

観光がてらにマルシェを楽しむのなら、ニースから南西に約23キロメートル、電車で20分の場所にあるアンティーブをおすすめします。地中海に面したこの町には、現在はピカソ美術館となっているグリマルディ城や、17世紀後半のルイ14世の時代に活躍した築城の名手・ヴォーバン侯爵が整備したヴォーバン要塞などが残っていて、歴史の面影を今に伝えています。生活感たっぷりの旧市街には、日本人にも人気の高い画家レイモン・ペイネの作品を集めたペイネ美術館のほか、レストランやブティック、おしゃれなギャラリーなども。この旧市街から海へと向かう途中にある籠屋さんを見つければ、マルシェはすぐです。

マルシェが開かれるのは毎週火曜から日曜の朝7時から午後1時まで。出店者は周辺の小規模な生産者、それもおじいさんやおばあさんがほとんどです。そのため販売している品物の種類や量は限られていますが、黄色のズッキーニの花、小さくて甘そうなイチゴ、大きくて立派なユリの切り花など、どれも生き生きとして新鮮なものばかり。ハーブや塩、タプナード（黒オリーブやアンチョビなどのペースト）、チーズなど、お土産にも喜んでもらえそうな品々も並んでいます。

たくさん買った人にはパセリのブーケをおまけでプレゼントしてくれたり、気軽に試食をさせてくれたり……。人情味があふれているアンティーブのマルシェで地元の人たちとふれあった経験は、旅の貴重な思い出になるはずです。

おわりに　Remerciements

この本を出版できたのは夢のようで、皆さんには感謝しかありません。そもそもの始まりは2015年。『フランスの美しい村を歩く』の執筆取材のためにフランスを訪れたトラベル・ジャーナリストの寺田直子さんを、コート・ダジュール周辺の美しい村に案内したのがきっかけです。その後、寺田さんから日本の出版社を紹介してもらい、WEBマガジンでエッセイを連載する機会を得ました。連載が終わってしばらく経ってから、「一緒に本を作りませんか？」と編集部からメールが来たときには、うれしくて泣きながらママン（母）に電話をしたことを今でもはっきり覚えています。

本を書くにあたっては、私の家族全員——両親、夫、長男、次男、夫の家族、そして友達など、本当に多くの人に支えてもらいました。

特に両親と夫には深く感謝しています。一人娘なのに、日本語を勉強するためにパリの大学に行かせてくれて、日本にも留学させてくれた両親は、ずっと私を温かく見守り、今では一番のファンになって応援してくれています。20年前から付き合っている夫は、とにかく私を守ってくれる男性。毎日のように日本の話を聞いてくれて、私がガイドの仕事で忙しいときや日本に行くときには子どもの面倒を見てくれます。彼らの支えがなければ、「日本語で本を書く」という夢を叶えることはできなかったでしょう。そして、出版への第一歩を踏み出すきっかけを作ってくれた寺田直子さん、企画段階からずっと寄り添ってくれた「かもめの本棚」編集部の村尾由紀さんにもお礼を言います。

最後に、私のInstagramのフォロワーの皆さんに心からの感謝の気持ちを捧げます。コロナ禍になって観光業がストップしてから、私は毎週のように南フランスからのライブ配信を続けてきました。それを楽しみに待っていてくれて、温かいコメントを送ってくれる皆さんにどれほど支えられてきたのかは、言葉で全部を言い表すことはできません。オフィスに飾る折り鶴や、誕生日やクリスマスのプレゼントを日本から贈っていただいたり、子どもが風邪をひいたときには自分のことのように心配していただいたり……。皆さんの優しさにどれほど助けられたことでしょう。今では大好きな日本に大きな家族ができたような気がしています。

この文章を書きながら、皆さんに日本でお会いできる日を心待ちにしています。

Merci beaucoup！（ありがとう！）

ルモアンヌ・ステファニー（Stéphanie Lemoine）

©Junko Nakano

Stéphanie Lemoine
（ルモアンヌ・ステファニー）

1979年フランス、ニース生まれ。南仏コート・ダジュールを拠点に日本人向けオーダーメイドのプライベート貸し切りチャーターサービスを専門に行う「マイ コート ダジュール」代表。フランス政府公認ガイド。高校で第３外国語として日本語を選択、大学はパリにある国立東洋言語文化学院（Institut national des langues et civilisations orientales）で日本語と日本文学を専攻。大学時代の１年半、東京学芸大学に留学。日本語能力検定１級の語学力を生かして、南フランスの観光情報やライフスタイルをテーマにした原稿執筆や翻訳、テレビや雑誌のコーディネート、母クリスティーヌがセレクトした南仏のブロカントのオンライン販売なども手がけている。夢は大好きな鎌倉で老後を過ごすこと。2人の息子たちには毎日欠かさず日本の話をしている。

【マイ コート ダジュール ツアーズのホームページ】
https://www.mycotedazurtours.com
【Instagram】stephanie_francetrip

この本は、WEBマガジン『かもめの本棚』に連載した「ニースっ子の南仏だより12カ月」を加筆してまとめたものです。
©Junko Nakano（目次、P003、P253）

ニースっ子の南仏だより12カ月

2023年2月23日　第1刷発行
2024年4月6日　第2刷発行

著　者　ルモアンヌ・ステファニー

発行者　原田邦彦

発行所　東海教育研究所
〒160-0022　東京都新宿区新宿1-9-5
新宿御苑さくらビル4F
電話 03-6380-0494　ファクス 03-6380-0499
eigyo@tokaiedu.co.jp

印刷・製本　株式会社シナノパブリッシングプレス

装丁・本文デザイン　稲葉奏子

編集協力　齋藤 晋

© Stéphanie Lemoine 2023 ／ Printed in Japan

ISBN978-4-924523-38-8　C0026

JCOPY ＜出版者著作権管理機構 委託出版物＞
本書の無断複製は著作権法上での例外を除き禁じられています。複製される場合は、そのつど事前に、出版者著作権管理機構（電話 03-5244-5088、FAX 03-5244-5089、e-mail: info@jcopy.or.jp）の許諾を得てください。

乱丁・落丁の場合はお取り替えいたします
定価はカバーに表示してあります

かもめの本棚

WEB連載から
生まれた本

フランス観光開発機構推薦

フランスの村シリーズ

年間150カ所以上の小さな村を訪れているフランス在住の著者が、特に心に残る55の村を厳選。迫力のオールカラー！

フランスの小さな村を旅してみよう
木蓮（写真と文） A5判 192頁（オールカラー）
定価 2,530円（税込） ISBN978-4-924523-10-4

フランス在住の日本人女性が案内する、とっておきの花の村30選。花にあふれる小さな村を美しい写真とともに紹介する。

フランスの花の村を訪ねる
木蓮 著 四六判 256頁（カラー128頁）
定価 2,200円（税込） ISBN978-4-924523-39-5

フランス観光開発機構の推薦に基づき厳選した美しい村の魅力を綴る。好評を博した初版をパワーアップし35村を収録。

増補版 フランスの美しい村を歩く
寺田直子 著 四六判 280頁（カラー102頁）
定価 2,200円（税込） ISBN978-4-924523-07-4

これまでに100回ほど渡仏したトラベルライターが、時を経てさらに輝きを増す12地方30の村を旅人の目線で案内。

フランスの一度は訪れたい村
坂井彰代 著 四六判 256頁（カラー127頁）
定価 2,090円（税込） ISBN978-4-924523-08-1

フランスの田舎で見つけた心豊かな暮らしとお気に入りの村を綴るフォトエッセイ。自家製野菜を使ったレシピやインテリアも必見。

フランスの小さな村だより12カ月
木蓮 著 四六判 256頁（オールカラー）
定価 2,420円（税込） ISBN978-4-924523-40-1

イタリア在住20年以上の著者が、忘れられない30の美しい村をセレクト。「イタリアの最も美しい村」協会推薦本。

イタリアの美しい村を歩く
中山久美子 著 四六判 256頁（カラー107頁）
定価2,200円（税込） ISBN978-4-924523-35-7

WEBマガジン好評配信中！

公式サイト かもめの本棚 検索

公式